AF217234

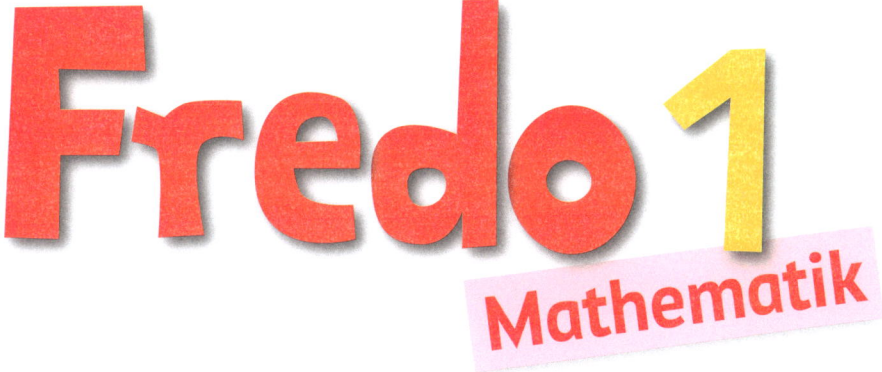

Fredo 1 Mathematik

Arbeitsheft

Allgemeine Ausgabe

Erarbeitet von
Mechtilde Balins
Rita Dürr
Nicole Franzen-Stephan
Petra Gerstner
Ute Plötzer
Anne Strothmann
Margot Torke
Lilo Verboom

Illustriert von
Cleo-Petra Kurze
Martina Theisen

 Deine **interaktiven Gratis-Übungen** findest du hier:

1. Gehe auf scook.de.
2. Gib den unten stehenden Zugangscode in die Box ein.
3. Hab viel Spaß mit deinen Gratis-Übungen.

Dein Zugangscode auf
www.scook.de

Die Gratis-Online-Angebote können dort nach Bestätigung der AGB und Lizenzbedingungen genutzt werden.

yksvh-2apn5

Oldenbourg Schulbuchverlag, München

Inhaltsverzeichnis

Erläuterung der farbigen Überschriften auf den Arbeitsheftseiten:

Zahlen   Rechnen   Geometrie   Sachrechnen   Daten

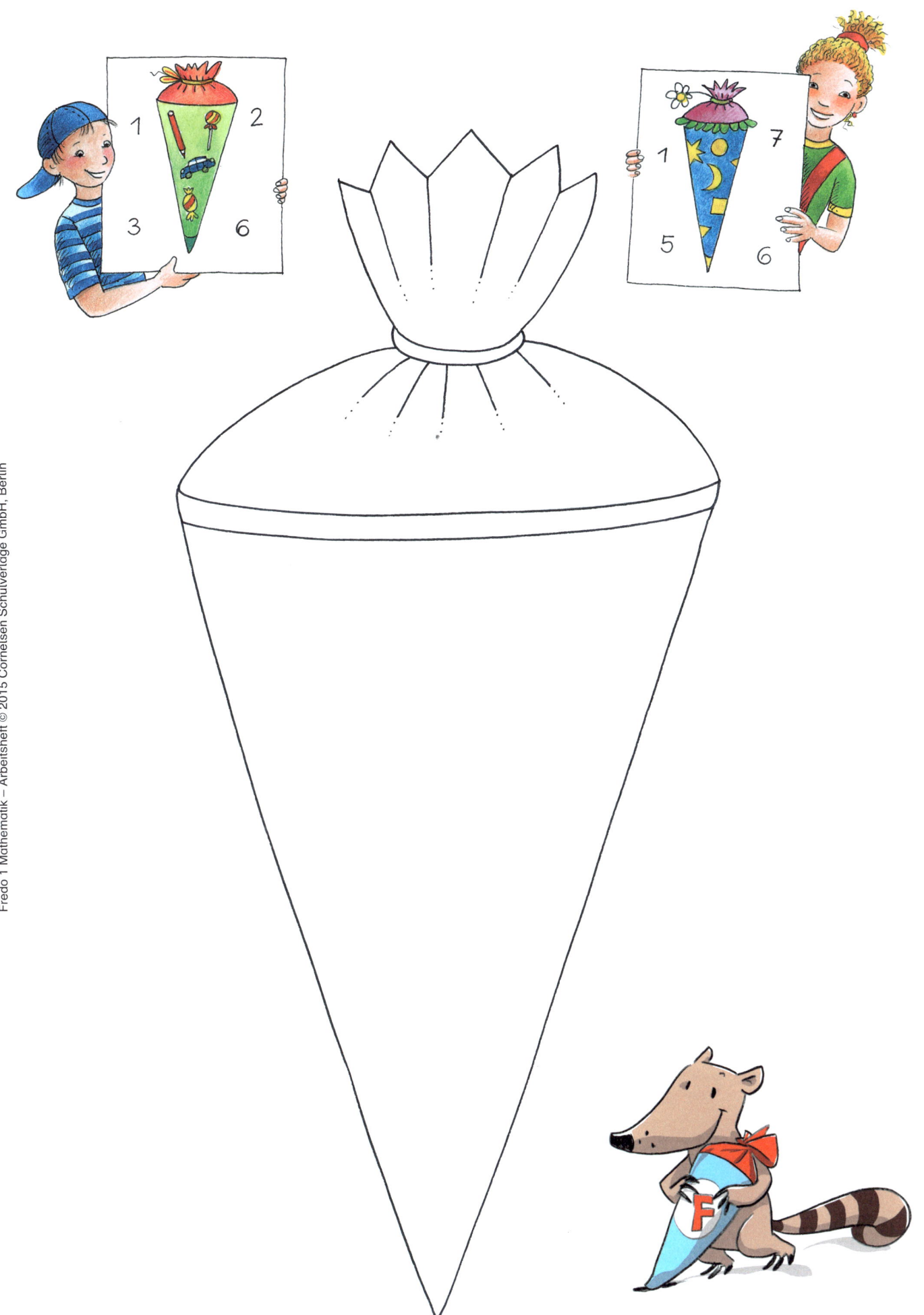

1 Kreise ein: links vom

Kreise ein: rechts vom

Kreise ein: vor dem

Kreise ein: hinter dem

2 Kreise ein: ◯ auf der    ◯ unter der

Fredo 1 Mathematik – Arbeitsheft © 2015 Cornelsen Schulverlage GmbH, Berlin

4

1 Wie viele sind es?

2 Was gibt es in deinem Zimmer? Zähle.

Fredo 1 Mathematik – Arbeitsheft © 2015 Cornelsen Schulverlage GmbH, Berlin

1 Verbinde.

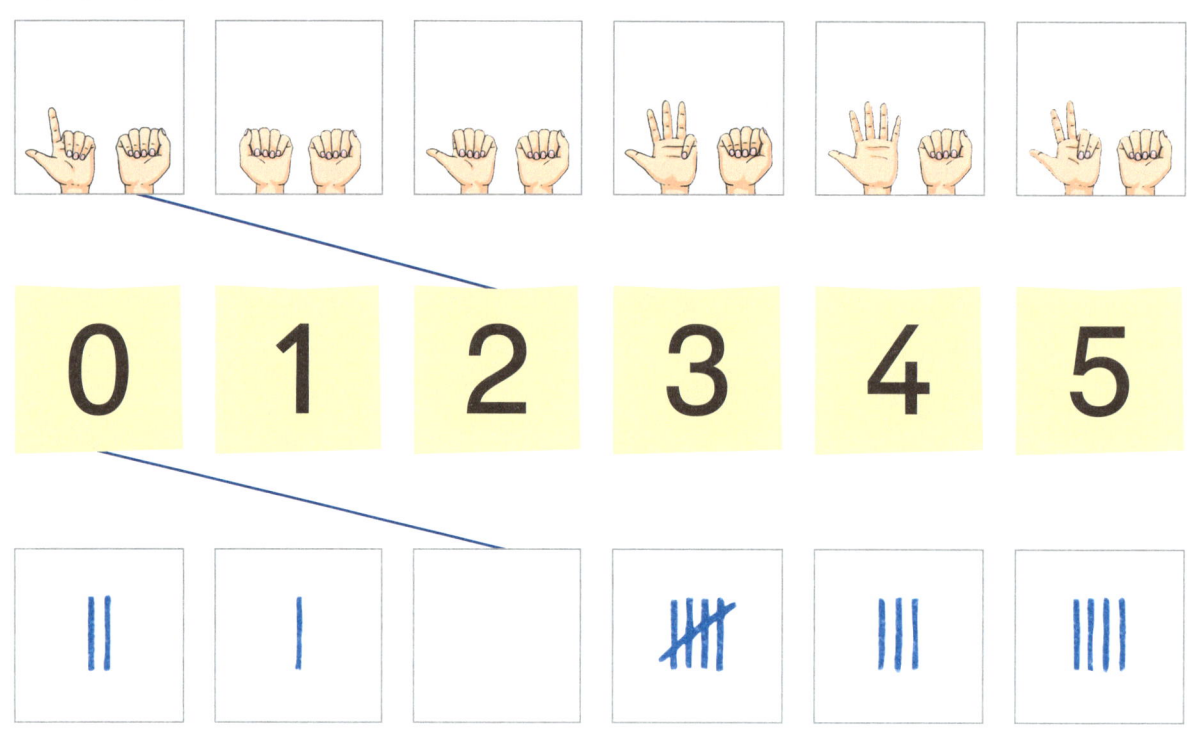

2 Male.

Fredo 1 Mathematik – Arbeitsheft © 2015 Cornelsen Schulverlage GmbH, Berlin

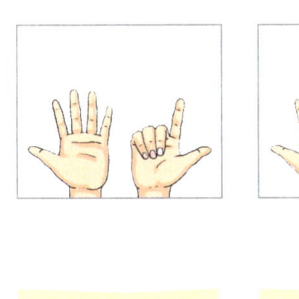 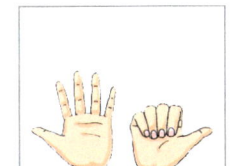 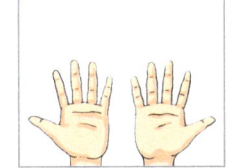 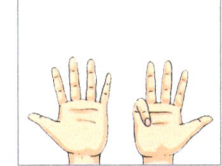 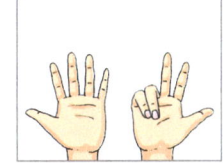

| 6 | 7 | 8 | 9 | 10 |

| 6 | 7 | 8 |

| 9 | 10 |

Fredo 1 Mathematik – Arbeitsheft © 2015 Cornelsen Schulverlage GmbH, Berlin

1 Setze fort.

2 Setze fort.

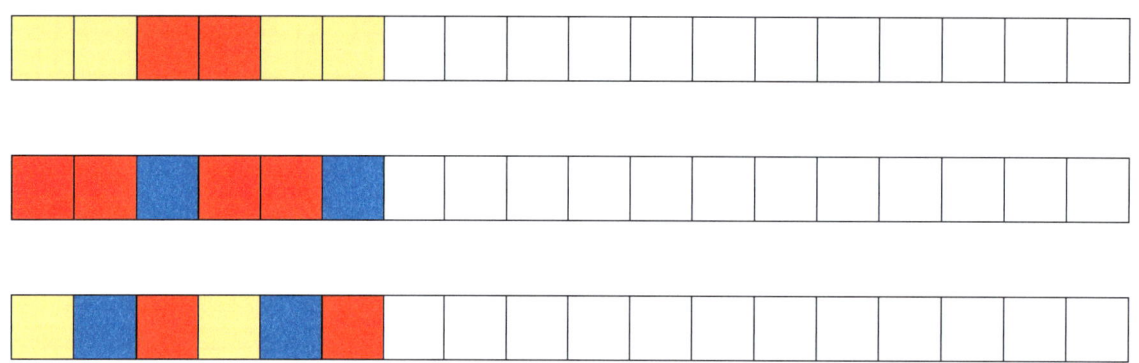

3 Setze fort.

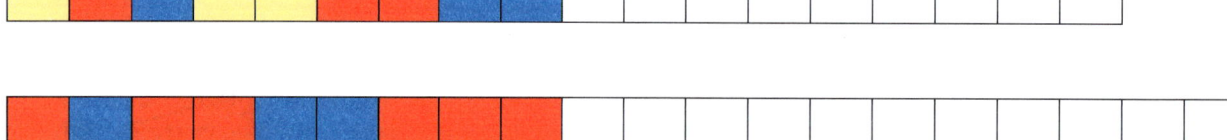

4 Denke dir ein Muster aus.

Fredo 1 Mathematik – Arbeitsheft © 2015 Cornelsen Schulverlage GmbH, Berlin

1 Zeichne Pläne.

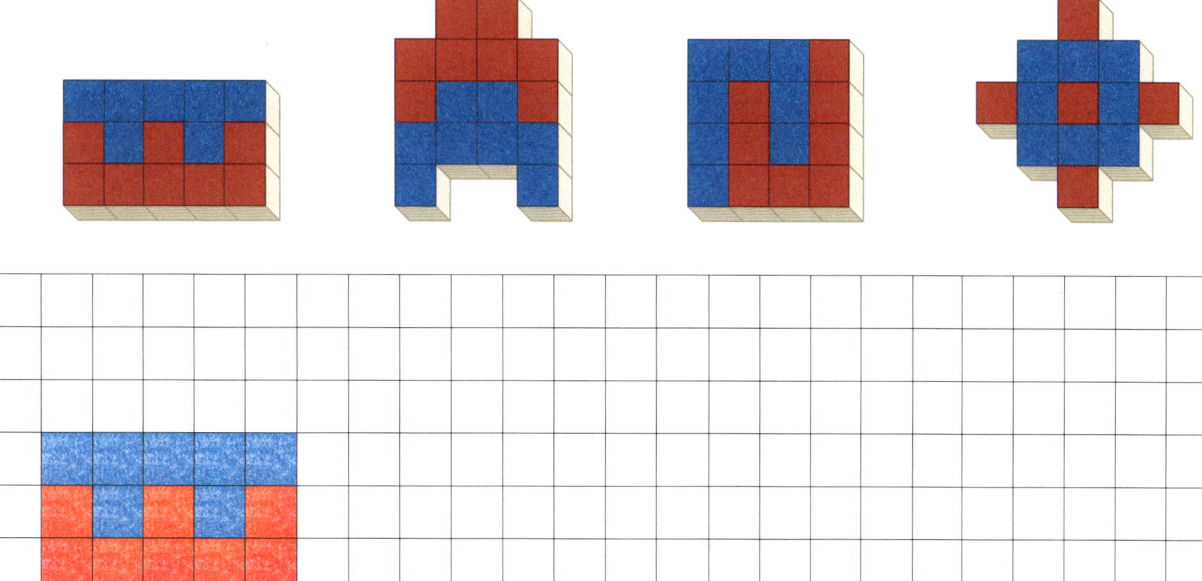

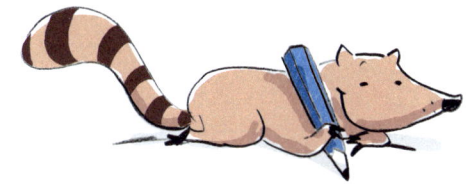

2 Lege Figuren mit deinen Würfeln. Zeichne Pläne.

Nicht genug. Male dazu.

1

2

3

4

Fredo 1 Mathematik – Arbeitsheft © 2015 Cornelsen Schulverlage GmbH, Berlin

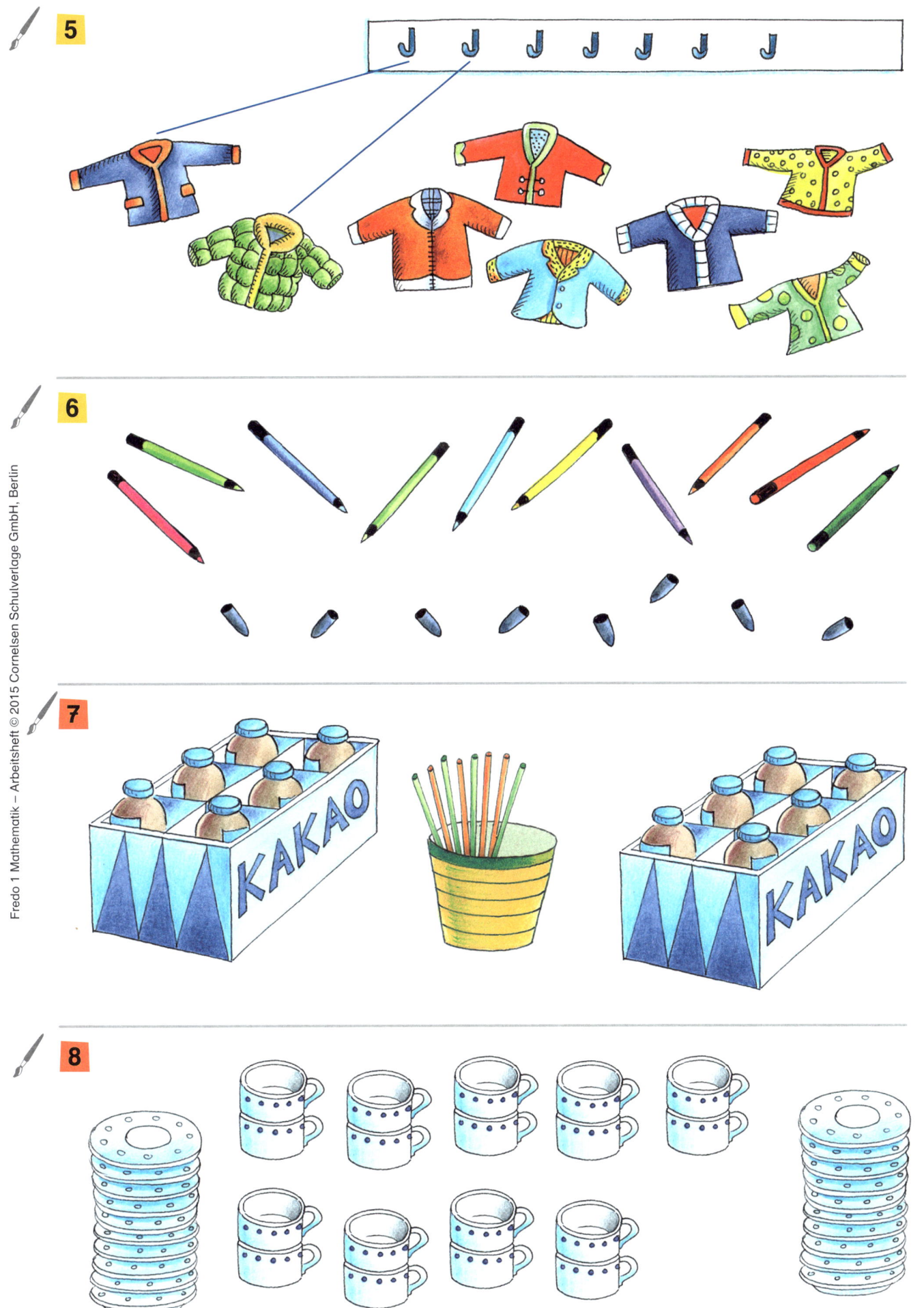

1 Wie viele Würfel mehr? Kreise ein und schreibe auf.

2 Wie viele Würfel mehr? Male an und kreise ein.

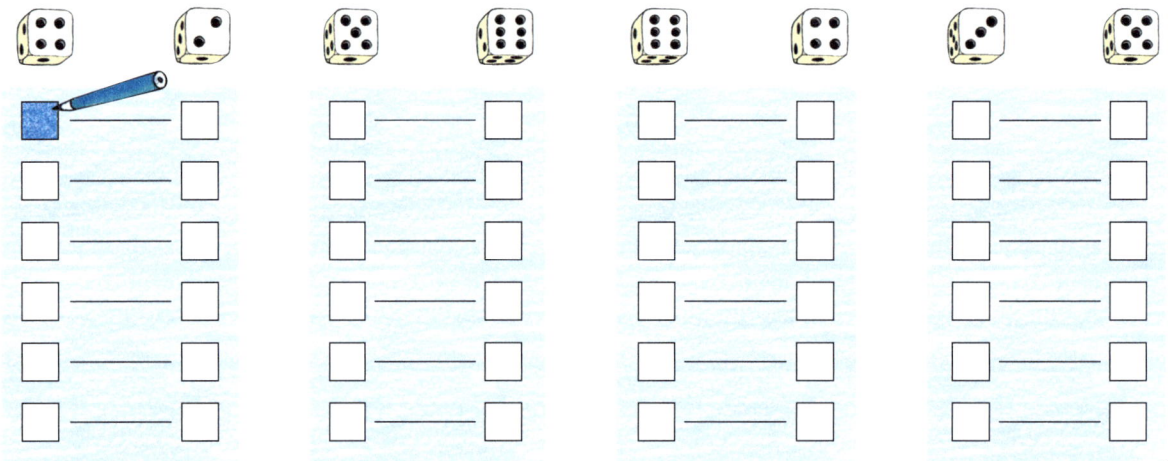

3 Was hat Justus gewürfelt? Male an.

Fredo 1 Mathematik – Arbeitsheft © 2015 Cornelsen Schulverlage GmbH, Berlin

1 Zählen

 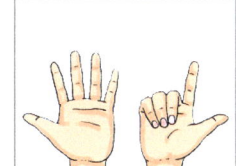   

—— —— —— —— ——

 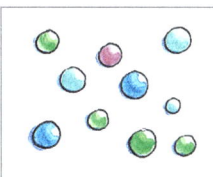   

—— —— —— —— ——

2 Muster fortsetzen

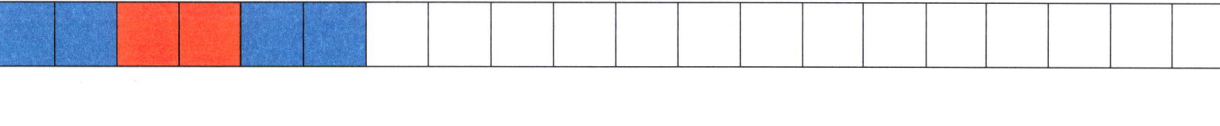

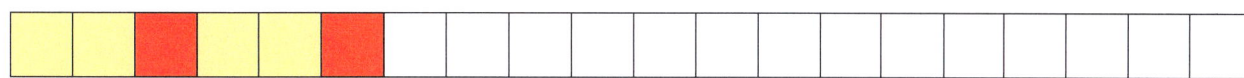

3 Anzahlen vergleichen
Nicht genug. Male dazu.

1

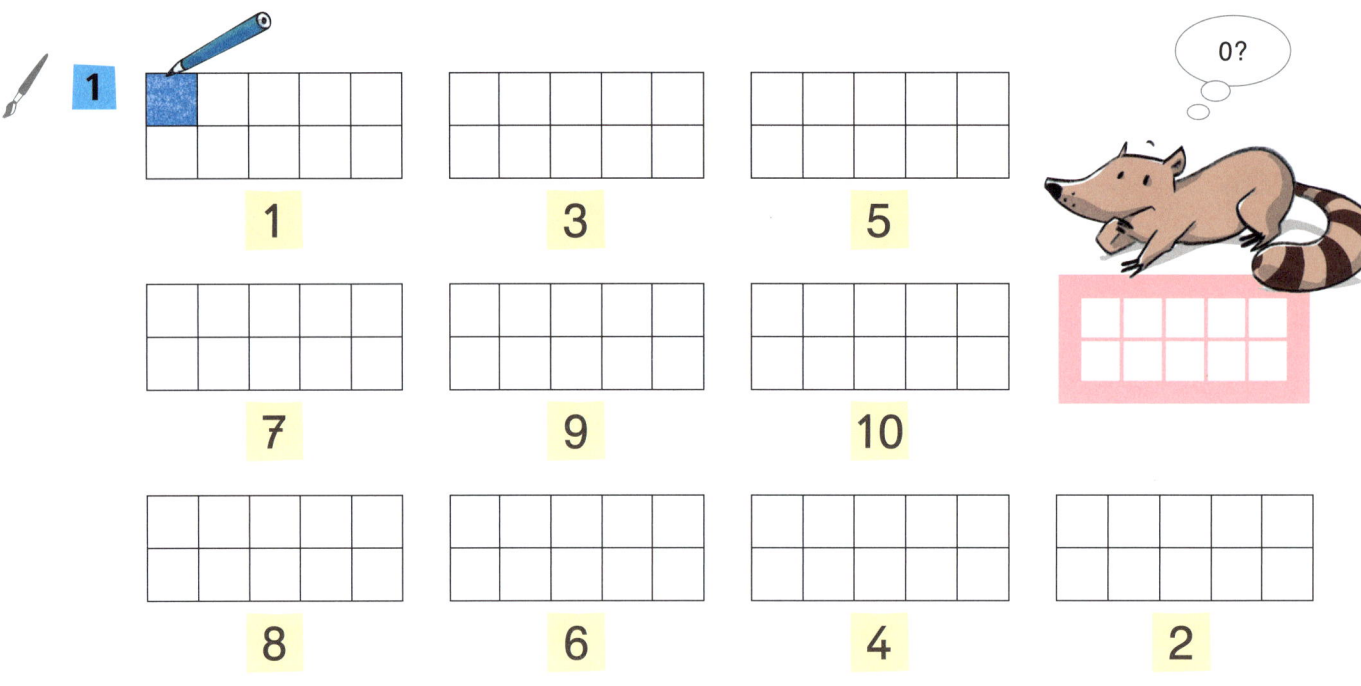

2 Wie viele sind es?

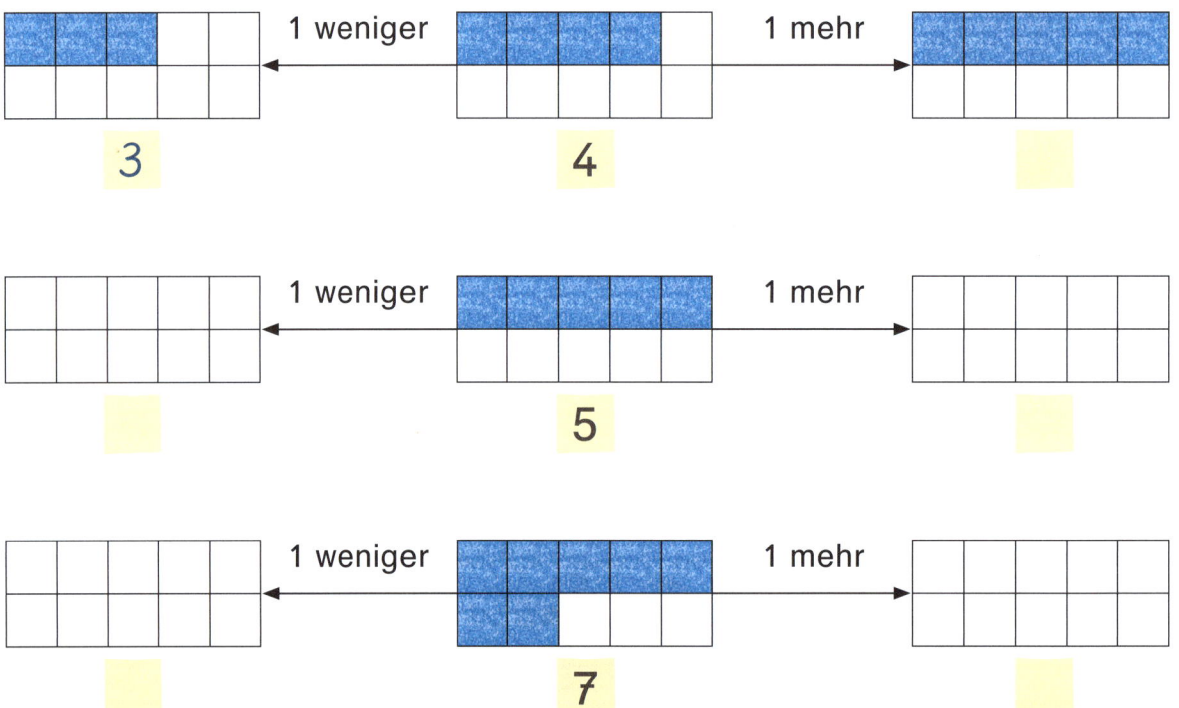

3 Wie viele sind es?

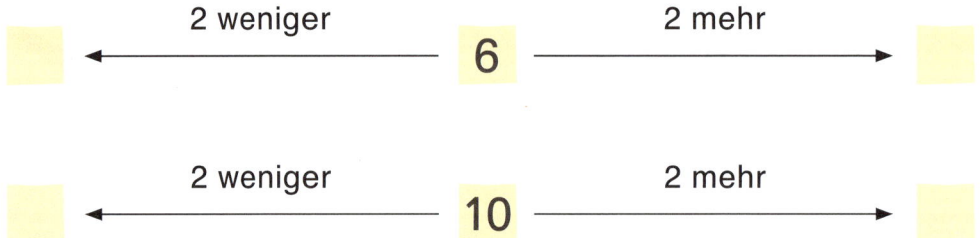

Fredo 1 Mathematik – Arbeitsheft © 2015 Cornelsen Schulverlage GmbH, Berlin

1 Trage die Nachbarzahl ein.

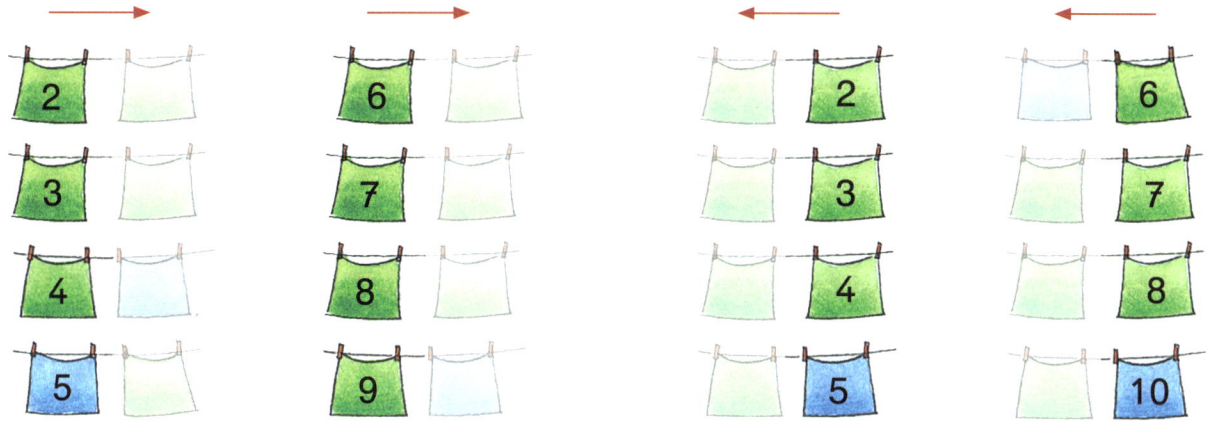

2 Trage die Nachbarzahlen ein.

3 Wie geht es weiter?

4 2 vor   2 nach

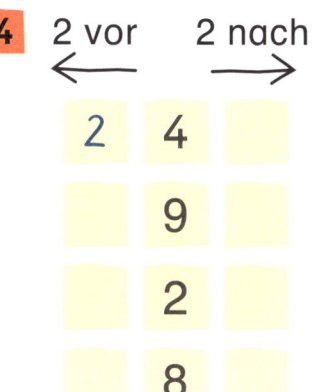

1

ist kleiner als	<	<	<						
ist gleich	=	=	=						
ist größer als	>	>	>						

2 Welche Zahl ist größer?

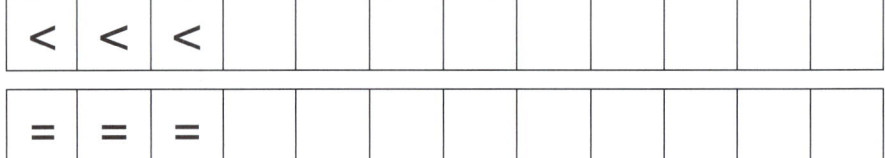

⑤   4   3   1   2   5   3   4

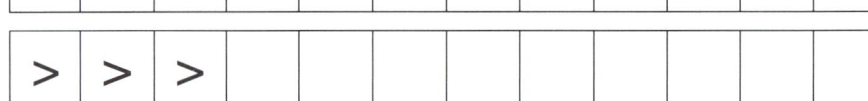

1   2   6   4   5   2   5   6

3 Vergleiche: <, =, >

3 ◯ 4   5 ◯ 5   7 ◯ 4   2 ◯ 1
8 ◯ 9   2 ◯ 4   1 ◯ 5   3 ◯ 2
1 ◯ 1   6 ◯ 3   8 ◯ 5   7 ◯ 6

 4 Male die passenden Zahlen an.

6 > 4 5 6 7   3 < 2 3 4 5
4 > 2 3 4 5   5 < 5 6 7 8

5 Welche Zahlen könnten passen? Trage ein.

? < 7   ? < 5   ? > 4   ? > 6

6, 5,

Fredo 1 Mathematik – Arbeitsheft © 2015 Cornelsen Schulverlage GmbH, Berlin

1 Wie viele fehlen?

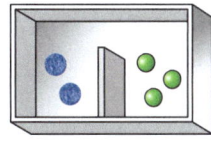
<u>2</u> + 3

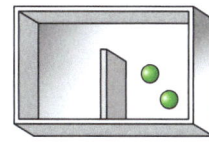
__ + 2

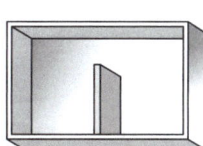
__ + 0

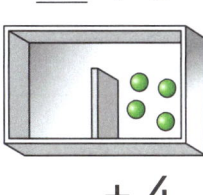
__ + 4

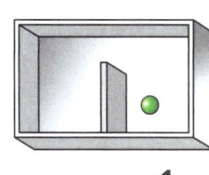
__ + 1

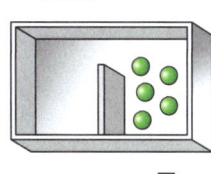
__ + 5

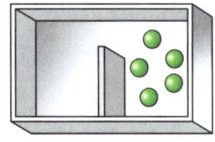
__ + 5

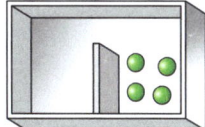
__ + 4

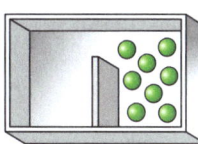
__ + 8

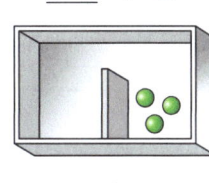
__ + __

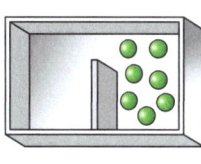
__ + __

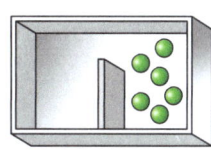
__ + __

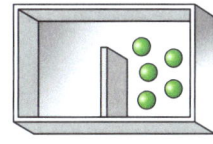
__ + 5

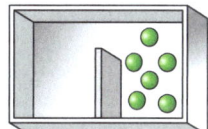
__ + 6

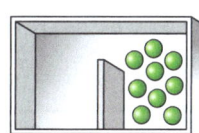
__ + 9

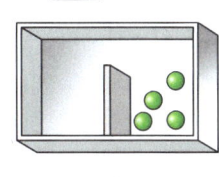
__ + __

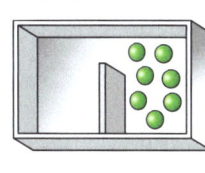
__ + __

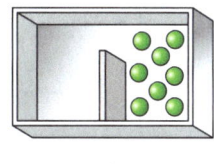
__ + __

2 Finde verschiedene Möglichkeiten.

9 + __   __ + 6   2 + __

__ + 8   __ + __   __ + __

Fredo 1 Mathematik – Arbeitsheft © 2015 Cornelsen Schulverlage GmbH, Berlin

1 Finde alle Aufgaben und schreibe sie auf.

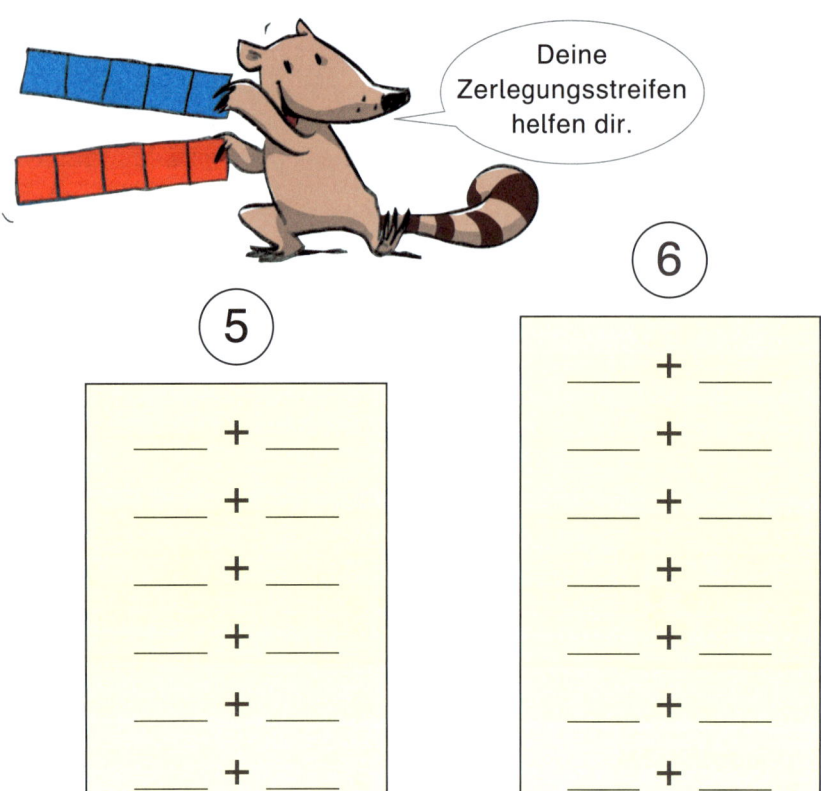

Deine Zerlegungsstreifen helfen dir.

(10)

___ + ___
___ + ___
___ + ___
___ + ___
___ + ___
___ + ___
___ + ___
___ + ___
___ + ___
___ + ___
___ + ___

(6)

___ + ___
___ + ___
___ + ___
___ + ___
___ + ___

(5)

___ + ___
___ + ___
___ + ___
___ + ___
___ + ___

2 Finde alle Aufgaben und schreibe sie auf.

(12)

___ + ___
___ + ___
___ + ___
___ + ___
___ + ___
___ + ___
___ + ___
___ + ___
___ + ___
___ + ___
___ + ___

(11)

___ + ___
___ + ___
___ + ___
___ + ___
___ + ___
___ + ___
___ + ___
___ + ___
___ + ___
___ + ___

(9)

___ + ___
___ + ___
___ + ___
___ + ___
___ + ___
___ + ___
___ + ___
___ + ___
___ + ___
___ + ___

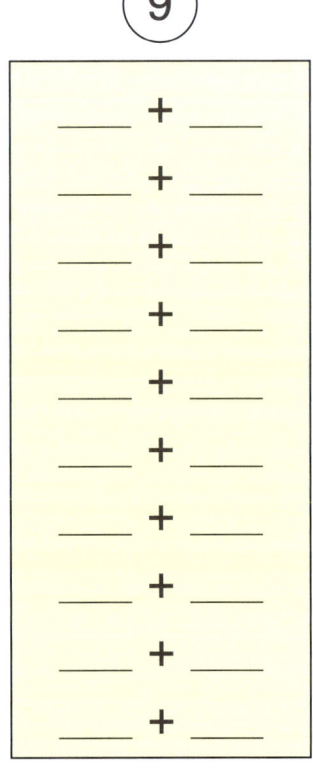

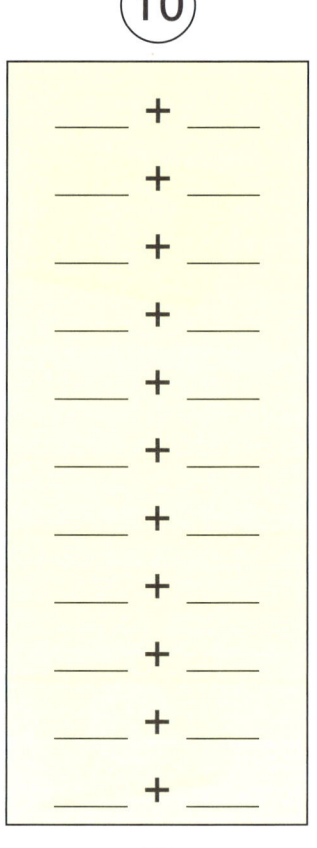

Fredo 1 Mathematik – Arbeitsheft © 2015 Cornelsen Schulverlage GmbH, Berlin

Kunst mit Flächenformen

SB S. 36, 37

1 Male wie Paul Klee.
Verwende diese Formen:

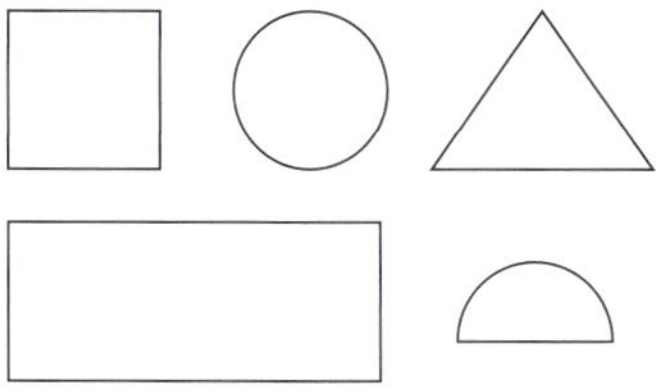

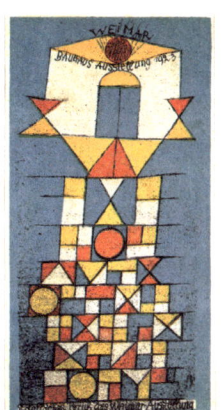

Haus

Boot

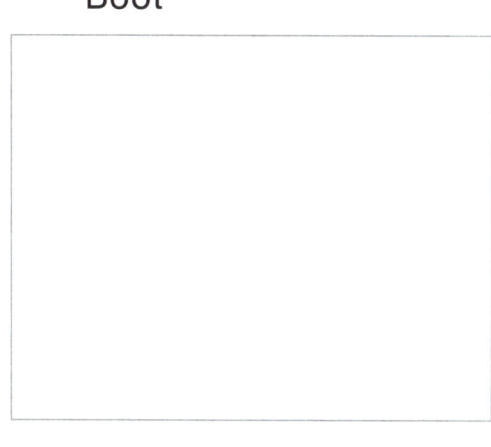

Auto

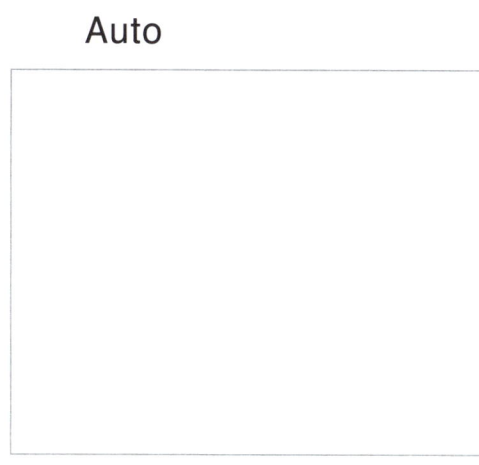

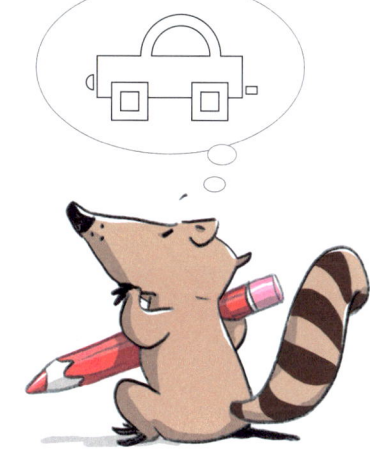

1

  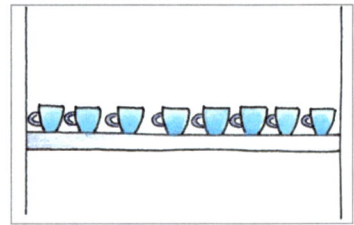

6      $+$ __ $=$ __

7      $-$ __ $=$ __

2   Plus oder minus?

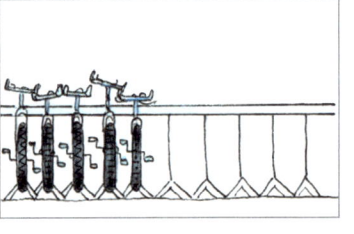  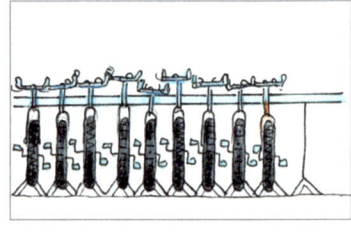

__   ◯ __ $=$ __

  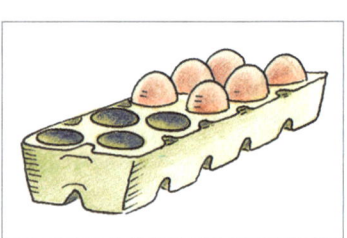

__   ◯ __ $=$ __

__   ◯ __ $=$ __

__   ◯ __ $=$ __

Fredo 1 Mathematik – Arbeitsheft © 2015 Cornelsen Schulverlage GmbH, Berlin

3 Entscheide: Plus oder minus? Ergänze das letzte Bild.

4 Male das fehlende Bild. Schreibe die Aufgabe.

1 Verbinde und rechne.

3 + 3 = __   3 + 2 = __   3 + 1 = __

2 Finde eine passende Aufgabe zum Bild.

__ + __ = ____   __ + __ = ____   __ + __ = ____

3 Male passende Bilder.

2 + 1 + 2 = __   3 + 2 + 4 = __

Fredo 1 Mathematik – Arbeitsheft © 2015 Cornelsen Schulverlage GmbH, Berlin

Kannst du das? 2

1 Anzahlen auf einen Blick erkennen

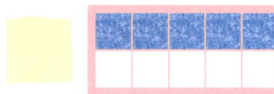

2 Nachbarzahlen finden

| | 5 | | | 9 | | 5 | | 7 |
| | 3 | | | 7 | | 3 | | 5 |

3 Zahlenreihen schreiben

  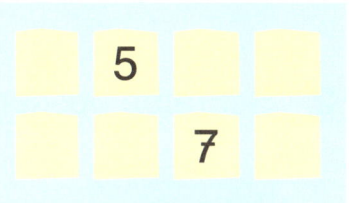

4 Zahlen mit <, =, > vergleichen

6 ◯ 4   5 ◯ 5   8 ◯ 6   7 ◯ 9

3 ◯ 7   7 ◯ 6   4 ◯ 2   5 ◯ 3

5 Ergänzen

 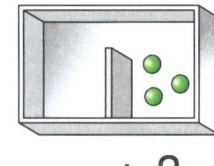 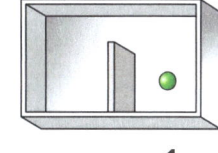 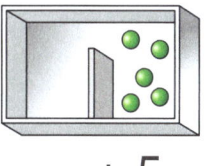

__ + 3   __ + 1   __ + 5

6 Flächenformen bestimmen

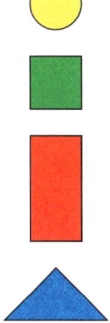 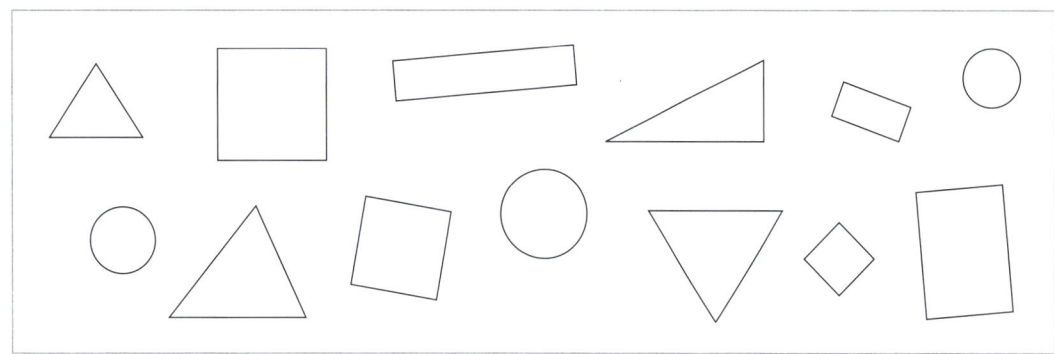

1 Verbinde gleiche Plusaufgaben.

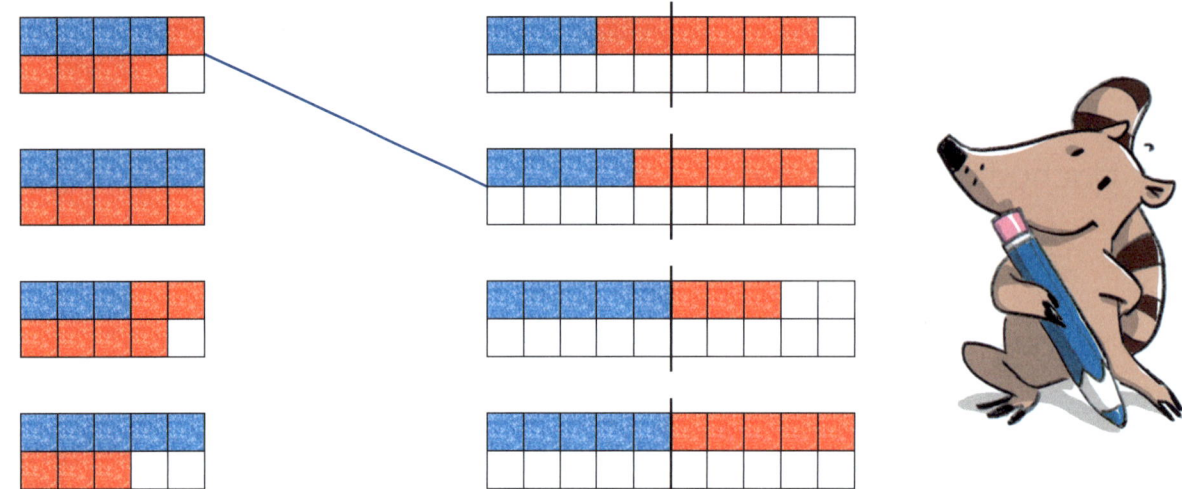

2 Schreibe passende Plusaufgaben.

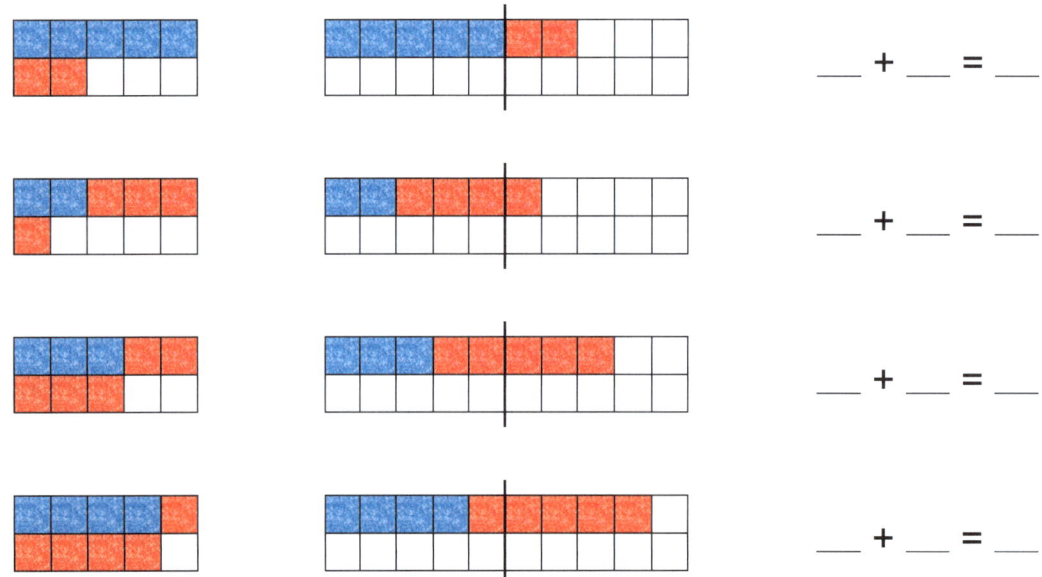

___ + ___ = ___

___ + ___ = ___

___ + ___ = ___

___ + ___ = ___

3 Male wie Jette und Justus. Rechne.

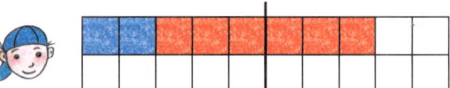

2 + 6 = _____

5 + 3 = _____

6 + 4 = _____

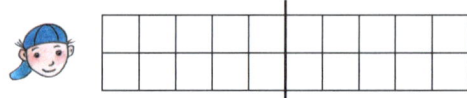

Fredo 1 Mathematik – Arbeitsheft © 2015 Cornelsen Schulverlage GmbH, Berlin

4 Male und rechne.

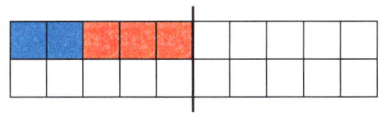
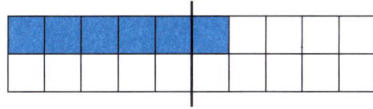

$\underline{2}$ + 3 = ____   __ + 2 = ____   __ + 6 = ____

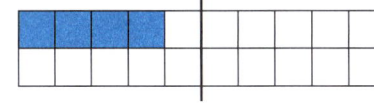
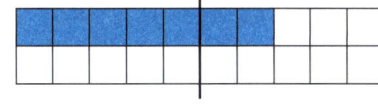
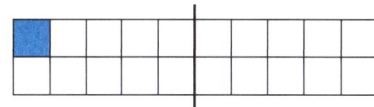

__ + 5 = ____   __ + 2 = ____   __ + 4 = ____

5 Male und schreibe selbst Aufgaben.

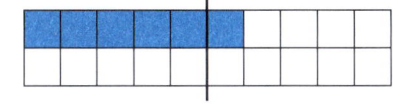
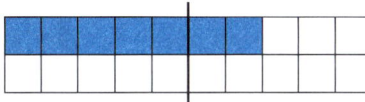
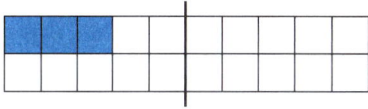

__ + __ = ____   __ + __ = ____   __ + __ = ____

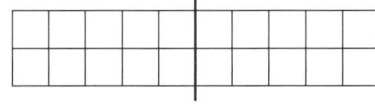
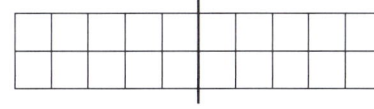

__ + __ = ____   __ + __ = ____   __ + __ = ____

6 Rechne.

2 + 0 = ____	1 + 3 = ____	0 + 1 = ____	1 + 1 = ____
2 + 1 = ____	2 + 3 = ____	1 + 2 = ____	2 + 2 = ____
2 + 2 = ____	3 + 3 = ____	2 + 3 = ____	3 + 3 = ____
2 + 3 = ____	4 + 3 = ____	3 + 4 = ____	4 + 4 = ____
2 + 4 = ____	5 + 3 = ____	4 + 5 = ____	5 + 5 = ____

7 Rechne. Wie geht es weiter?

Immer 1 mehr.

2 + 2 = ____	__ + __ = ____	5 + __ = ____
2 + 3 = ____	4 + 3 = ____	5 + __ = ____
2 + 4 = ____	4 + 4 = ____	5 + __ = ____
2 + __ = ____	__ + __ = ____	5 + 5 = ____
__ + __ = ____	__ + __ = ____	__ + __ = ____

1 Aufgabe und Tauschaufgabe: Verbinde.

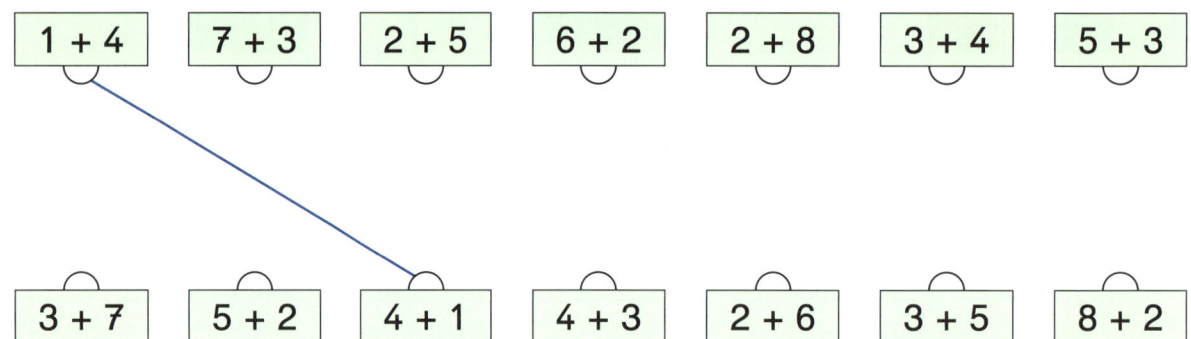

| 1 + 4 | 7 + 3 | 2 + 5 | 6 + 2 | 2 + 8 | 3 + 4 | 5 + 3 |

| 3 + 7 | 5 + 2 | 4 + 1 | 4 + 3 | 2 + 6 | 3 + 5 | 8 + 2 |

2 Schreibe Aufgabe und Tauschaufgabe.

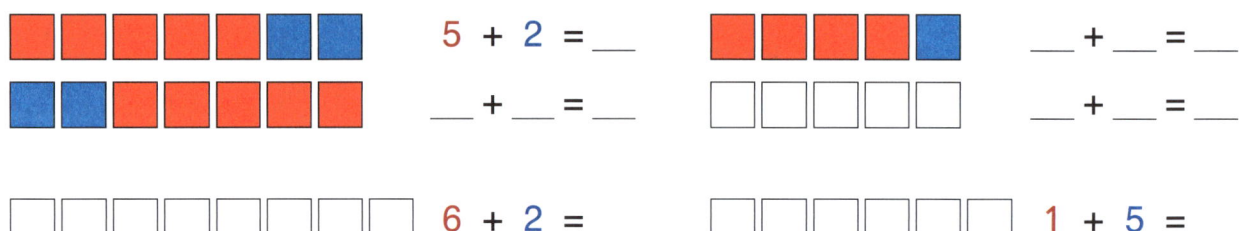

5 + 2 = __

__ + __ = __

__ + __ = __

__ + __ = __

6 + 2 = __

__ + __ = __

1 + 5 = __

__ + __ = __

3 Aufgabe und Tauschaufgabe: Rechne.

| 3 + 6 = ____ | 4 + 3 = ____ | 0 + 7 = ____ | 7 + 3 = ____ |
| 6 + 3 = ____ | __ + __ = ____ | __ + __ = ____ | __ + __ = ____ |

4 Welche Aufgabe findest du leichter? Kreuze an und rechne.

| ☐ 9 + 1 = ____ | ☐ 4 + 6 = ____ | ☐ 2 + 5 = ____ | ☐ 8 + 2 = ____ |
| ☐ 1 + 9 = ____ | ☐ 6 + 4 = ____ | ☐ 5 + 2 = ____ | ☐ 2 + 8 = ____ |

5 Male die Felder an: 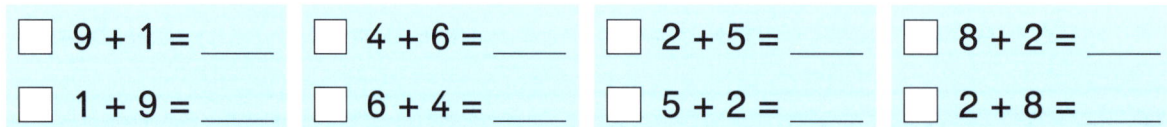 Ergebnis < 6   Ergebnis > 8

7 + 0	2 + 7	0 + 4	5 + 2	4 + 5	1 + 2
0 + 7	7 + 2	4 + 0	2 + 5	5 + 4	2 + 1
1 + 8	1 + 4	1 + 6	7 + 3	3 + 2	3 + 4
8 + 1	4 + 1	6 + 1	3 + 7	2 + 3	4 + 3

Fredo 1 Mathematik – Arbeitsheft © 2015 Cornelsen Schulverlage GmbH, Berlin

1 Lege aus.

Was sind das für Tiere? Kannst du mit deinen Formen auch andere Tiere legen?

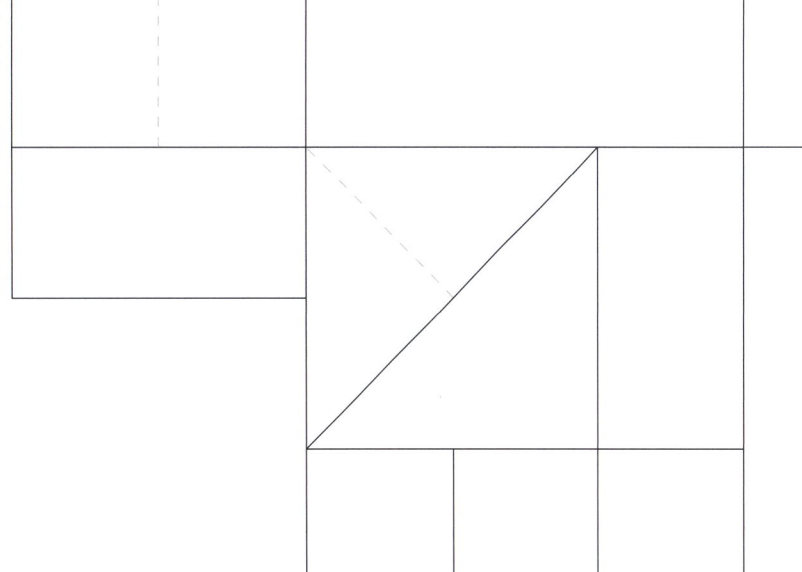

2 Lege aus und zeichne ein.

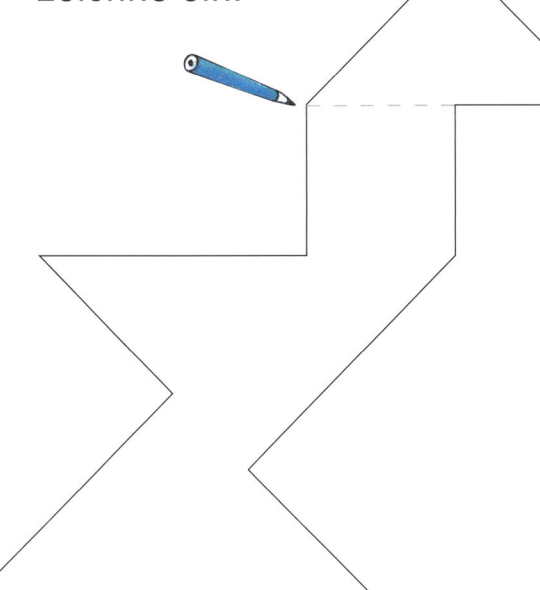

3 Lege aus. Finde verschiedene Möglichkeiten. Trage ein.

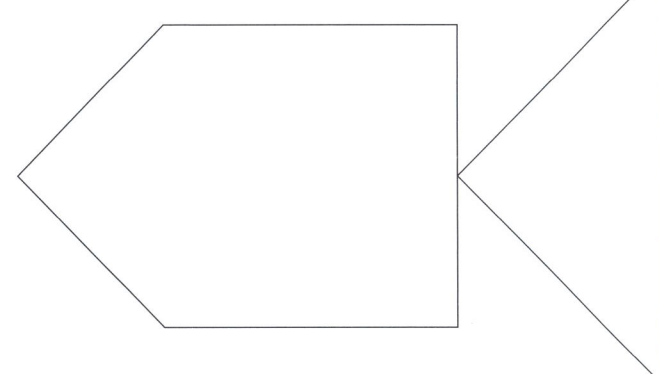

	△	△	□	▭
1.				
2.				
3.				
4.				

1 Male an, streiche durch und rechne.

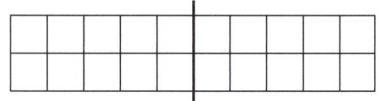   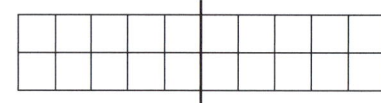   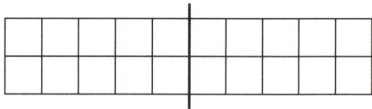

7 − 4 = ___   10 − 8 = ___   8 − 6 = ___

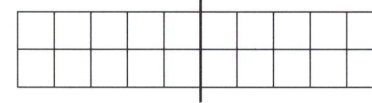      

7 − ___ = 5   9 − ___ = 5   10 − ___ = 5

2 Schreibe passende Minusaufgaben.

6 − _4_ = ___   8 − ___ = ___   5 − ___ = ___

3 Schreibe passende Minusaufgaben.

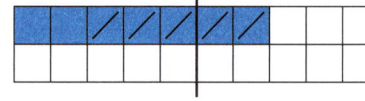   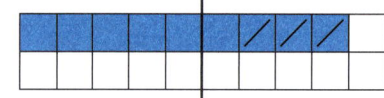   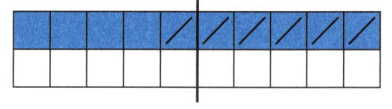

___ − ___ = ___   ___ − ___ = ___   ____ − ___ = ___

4 Rechne.

8 − 6 = ___	9 − 7 = ___	7 − 3 = ___	6 − 3 = ___
7 − 5 = ___	9 − 5 = ___	6 − 3 = ___	7 − 4 = ___
6 − 4 = ___	9 − 3 = ___	5 − 3 = ___	8 − 5 = ___
5 − 3 = ___	9 − 1 = ___	4 − 3 = ___	9 − 6 = ___

5 Finde viele Minusaufgaben zu der Ergebniszahl.

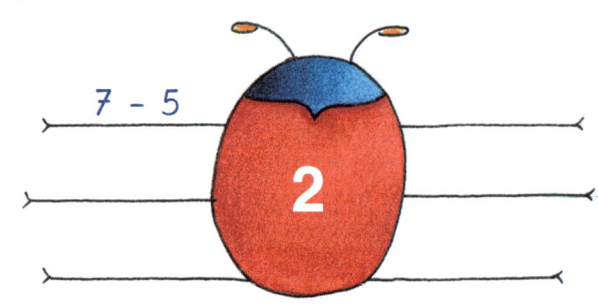

7 − 5

Fredo 1 Mathematik – Arbeitsheft © 2015 Cornelsen Schulverlage GmbH, Berlin

Umkehraufgaben

1 Rechne Aufgabe und Umkehraufgabe.

6 − 2 = __	8 − 5 = __	4 − 2 = __	6 − 2 = 4
4 + 2 = __	3 + 5 = __	2 + __ = __	4 + 2 = 6

3 + 3 = __	7 + 1 = __	5 + 4 = __	4 + 5 = __
6 − 3 = __	8 − 1 = __	9 − __ = __	9 − __ = __

2 Aufgabe und Umkehraufgabe: Rechne.

10 − __ = __   10 − __ = __   __ − __ = __

__ + __ = __   __ + __ = __   __ + __ = __

3 Rechne und finde die Umkehraufgabe.

6 − 5 = __	9 − 3 = __	8 − 0 = __	10 − 3 = __
__ + __ = __	__ + __ = __	__ + __ = __	__ + __ = __

2 + 7 = __	6 + 0 = __	3 + 4 = __	9 + 1 = __
__ − __ = __	__ − __ = __	__ − __ = __	__ − __ = __

9 − 5 = __	4 + 3 = __	6 − 4 = __	5 + 5 = __
4 ◯ __ = __	__ ◯ __ = __	__ ◯ __ = __	__ ◯ __ = __

4 Finde jeweils die fehlende Zahl.

____ + 3 = 9   ____ + 4 = 11   ____ + 6 = 14   ____ + 5 = 12

____ − 4 = 8   ____ − 7 = 7   ____ − 9 = 3   ____ − 6 = 5

1 Rechne.

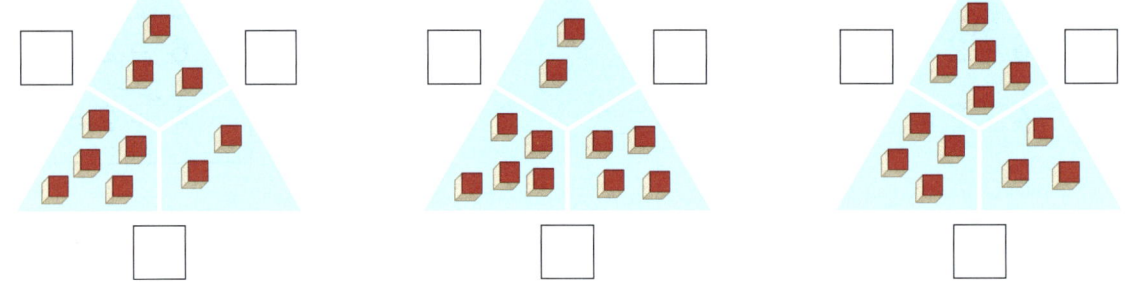

2 Rechne.

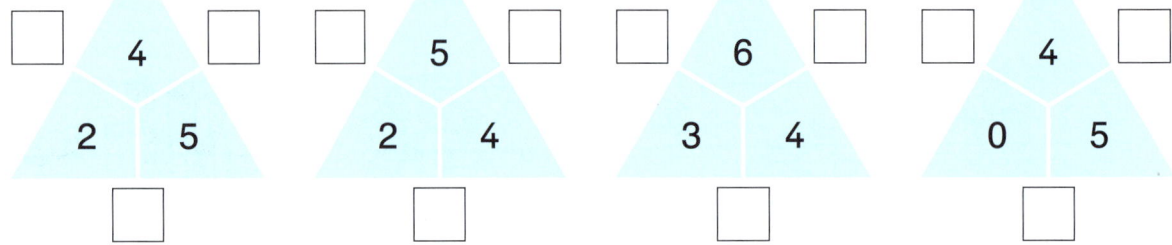

3 Rechne.

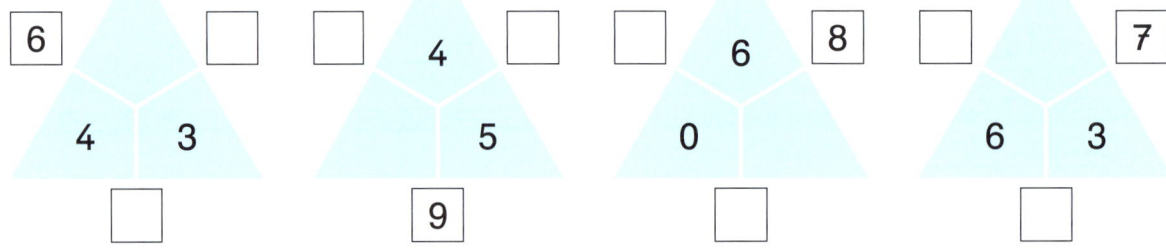

4 Rechne.

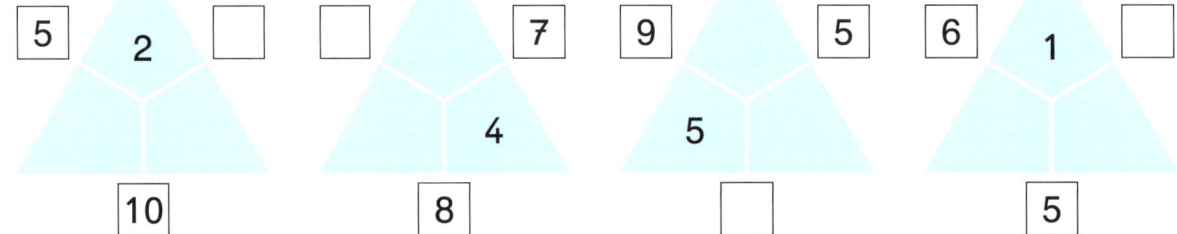

5 Probiere und trage die Lösungen ein. Wie gehst du vor?

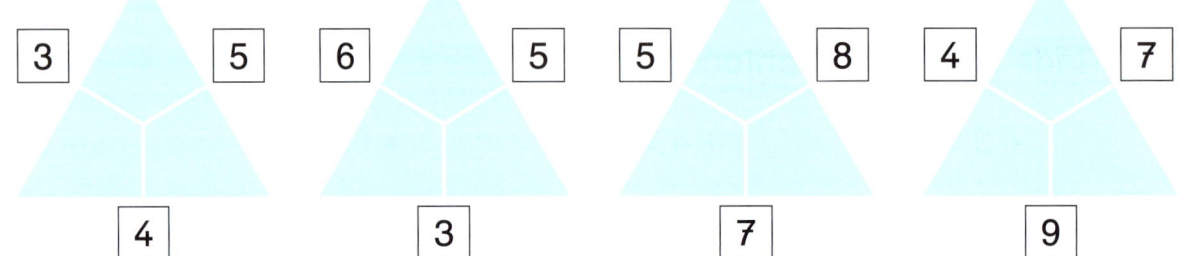

Fredo 1 Mathematik – Arbeitsheft © 2015 Cornelsen Schulverlage GmbH, Berlin

1 Lege und zeichne.

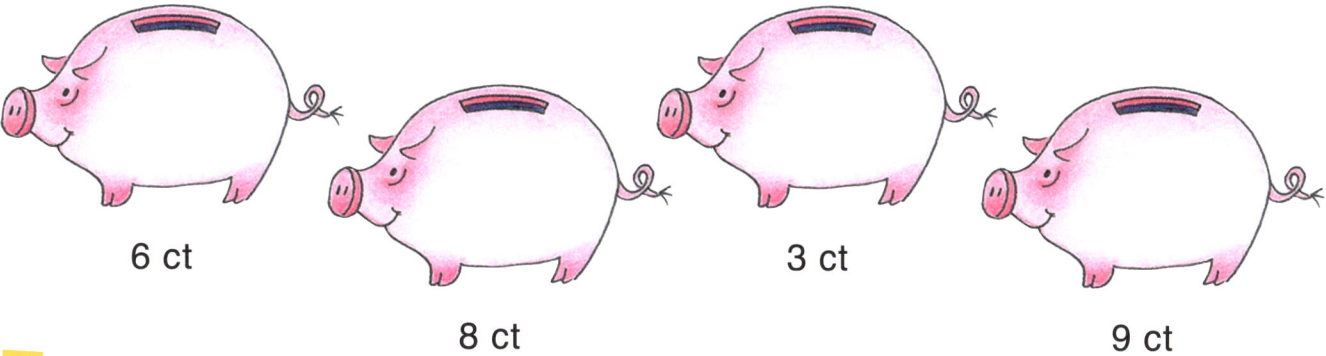

6 ct

8 ct

3 ct

9 ct

2 Ergänze.

Münzen	Geldbetrag
5 2 2	_____ ct
2 2 1	_____ ct
5 1 1	_____ ct
○ ○ ○	6 ct
○ ○ ○	8 ct

Münzen	Geldbetrag
1 2 1 2 2	_____ ct
2 5 1 1 1	_____ ct
2 1 1 1 1	_____ ct
○ ○ ○ ○ ○	9 ct
○ ○ ○ ○ ○	7 ct

3 Welche Münzen fehlen? Ergänze.

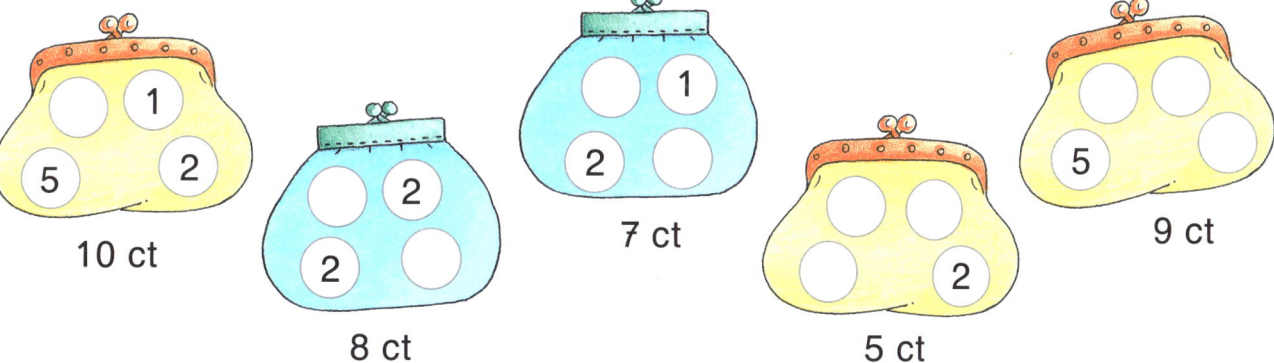

10 ct

8 ct

7 ct

5 ct

9 ct

4 Möglichst wenige Münzen

4 ct	
7 ct	
5 ct	
9 ct	

6 ct	
10 ct	
3 ct	
8 ct	

1 Löse die Rechenmauern.

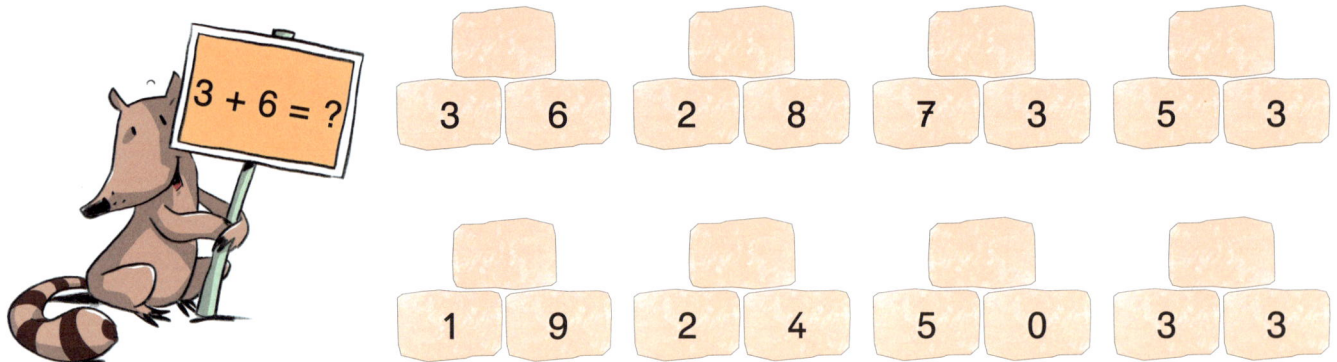

3 + 6 = ?

| 3 | 6 | | 2 | 8 | | 7 | 3 | | 5 | 3 |

| 1 | 9 | | 2 | 4 | | 5 | 0 | | 3 | 3 |

2 Löse die Rechenmauern.

| 9 | | 4 | | 6 | | 5 | | 10 |
| 4 | | 2 | | 2 | | 1 | | 4 |

| 7 | | 10 | | 8 | | 6 | | 9 |
| | 3 | | 3 | | 3 | | 3 | | 3 |

| 8 | | 5 | | 7 | | 10 | | 4 |
| 2 | | 2 | | 1 | | 5 | | 1 |

3 Immer zwei Mauern: Trage die Zahlen ein.

3 Zahlen passen immer zusammen.

| 7 | 6 | 4 |
| 3 | 8 | 2 |

| 4 | 4 | 5 |
| 9 | 5 | 1 |

| 2 | 7 | 4 |
| 3 | 6 | 10 |

7

Fredo 1 Mathematik – Arbeitsheft © 2015 Cornelsen Schulverlage GmbH, Berlin

1 3 Zahlen – 4 Aufgaben

| 4 | 9 | 5 |

$4 + 5 = 9$

$5 + \_\_ = \_\_$

$9 - \_\_ = \_\_$

$9 - \_\_ = \_\_$

| 2 | 6 | 8 |

$2 + \_\_ = 8$

$6 + \_\_ = \_\_$

$8 - \_\_ = \_\_$

$8 - \_\_ = \_\_$

| 7 | 1 | 6 |

$1 + \_\_ = \_\_$

$6 + \_\_ = \_\_$

$7 - \_\_ = \_\_$

$7 - \_\_ = \_\_$

2 3 Zahlen – 4 Aufgaben

| 2 | 4 | 6 |

_____

_____

_____

_____

| 4 | 4 | 0 |

_____

_____

_____

_____

| 9 | 6 | 3 |

_____

_____

_____

_____

3 3 Zahlen – 4 Aufgaben: Eine Zahl fehlt.

| 5 | 3 | |

_____

_____

_____

_____

| 7 | 2 | |

_____

_____

_____

_____

Hier gibt es immer 2 Möglichkeiten.

4 Das faule Ei: Eine Karte passt nicht. Streiche sie durch.

| 5 | 2 | 3 | 4 |

| 3 | 2 | 7 | 4 |

| 8 | 1 | 7 | 4 |

| 4 | 2 | 1 | 5 |

| 1 | 2 | 6 | 4 |

| 7 | 2 | 6 | 9 |

33

1

$5 + 3 = 8$  $3 + \square = 5$ [2] [3] $4 + \square = 5$ [2] [1]

$2 + \square = 6$ $6 + \square = 9$ $5 + \square = 7$

$8 - \square = 3$ [4] [5] $4 - \square = 0$ [3] [4] $9 - \square = 4$ [5] [4]

$9 - \square = 5$ $6 - \square = 3$ $5 - \square = 1$

2

$3 + 4 = 7$  $4 + \square = 7$ [4] [2] [5] [3] $4 + \square = 9$ [3] [5] [2] [1]

$6 + \square = 9$ $1 + \square = 3$ $6 + \square = 7$

$4 + \square = 6$ $4 + \square = 8$ $7 + \square = 9$

Eine Zahl bleibt übrig.

$8 - \square = 2$ [2] [5] [3] [6] $3 - \square = 0$ [3] [4] [2] [5] $7 - \square = 5$ [6] [4] [2] [5]

$9 - \square = 6$ $6 - \square = 4$ $6 - \square = 1$

$4 - \square = 2$ $10 - \square = 6$ $8 - \square = 4$

3

$\square + 3 = 6$ $\square + 4 = 8$ $\square + 1 = 7$

$\square + 2 = 3$ $\square + 5 = 9$ $\square + 3 = 8$

$\square - 3 = 1$ $\square - 5 = 4$ $\square - 5 = 2$

$\square - 2 = 4$ $\square - 1 = 6$ $\square - 3 = 5$

Fredo 1 Mathematik – Arbeitsheft © 2015 Cornelsen Schulverlage GmbH, Berlin

Kannst du das? 3

1 Aufgaben zu Bildern finden

____   ◯ ____   = ____

2 Plusaufgaben lösen

5 + 0 = ___   6 + 4 = ___

4 + 2 = ___   3 + 2 = ___

7 + 3 = ___   5 + 4 = ___

3 + 6 = ___   2 + 7 = ___

1 + 8 = ___   9 + 1 = ___

3 Tauschaufgaben finden

4 + 5 = ___   6 + 3 = ___

___ + ___ = ___   ___ + ___ = ___

2 + 7 = ___   8 + 1 = ___

___ + ___ = ___   ___ + ___ = ___

4 Minusaufgaben lösen

9 – 6 = ___   8 – 4 = ___

7 – 3 = ___   6 – 2 = ___

8 – 5 = ___   9 – 5 = ___

6 – 4 = ___   7 – 2 = ___

5 – 2 = ___   5 – 4 = ___

5 Umkehraufgaben finden

4 + 3 = ___   5 + 3 = ___

___ – ___ = ___   ___ – ___ = ___

8 – 6 = ___   6 – 2 = ___

___ + ___ = ___   ___ + ___ = ___

6 Rechendreiecke lösen

7 Rechenmauern lösen

☐   4   ☐   8   5

3   2

 9   ☐

Fredo 1 Mathematik – Arbeitsheft © 2015 Cornelsen Schulverlage GmbH, Berlin

1 Welche Rechenaufgabe siehst du? Schreibe auf.

Vergleicht eure Rechenaufgaben. Habt ihr verschiedene Aufgaben gefunden? Erklärt sie euch.

Fredo 1 Mathematik – Arbeitsheft © 2015 Cornelsen Schulverlage GmbH, Berlin

2 Male, was fehlt.

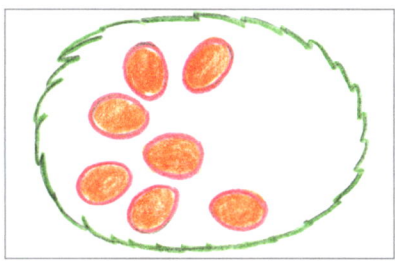

3 + 3 = ____

7 + 3 = ____

4 + 2 = ____

3 Welche Aufgabe passt? Kreuze an.

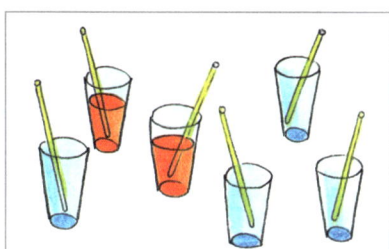

☐ 7 – 1 = 6

☐ 8 – 1 = 7

☐ 2 + 3 = 5

☐ 3 – 2 = 1

☐ 6 + 4 = 10

☐ 6 – 4 = 2

4 Male passende Rechengeschichten.

3 + 2 = ____

____ + ____ = ____

5 – 3 = ____

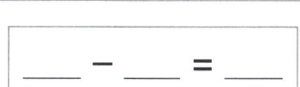

____ – ____ = ____

1 Setze fort.

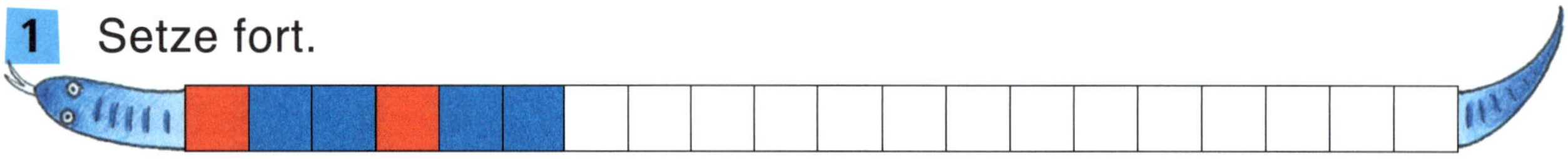

2 Setze fort.

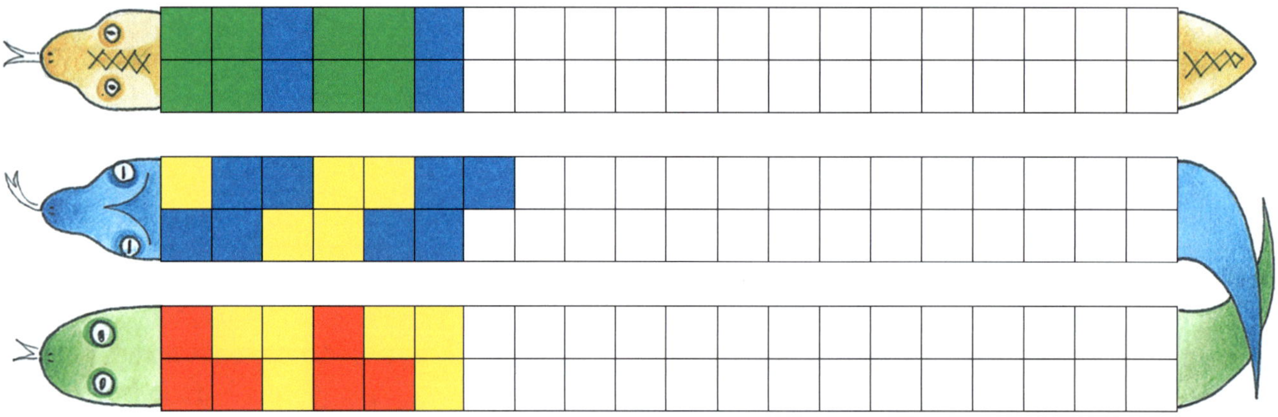

Und wie sieht deine Schlange aus?

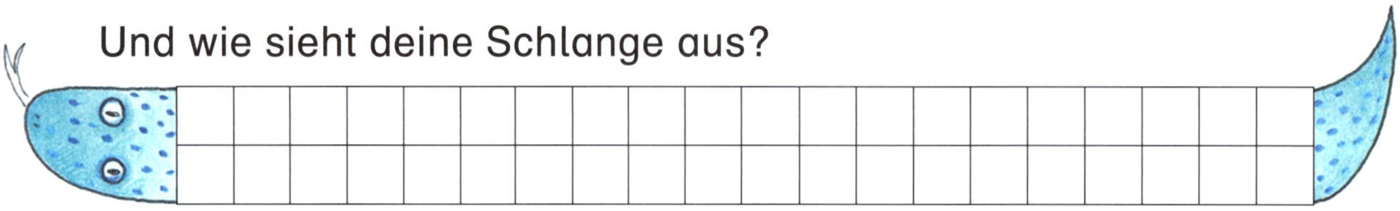

3 Setze fort.

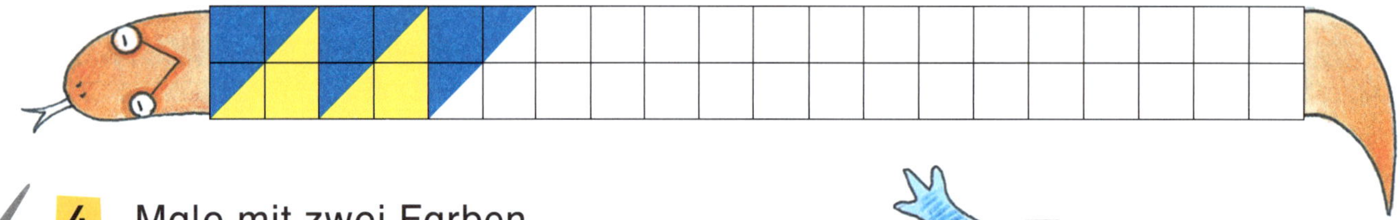

4 Male mit zwei Farben.

Fredo 1 Mathematik – Arbeitsheft © 2015 Cornelsen Schulverlage GmbH, Berlin

1 Rechne.

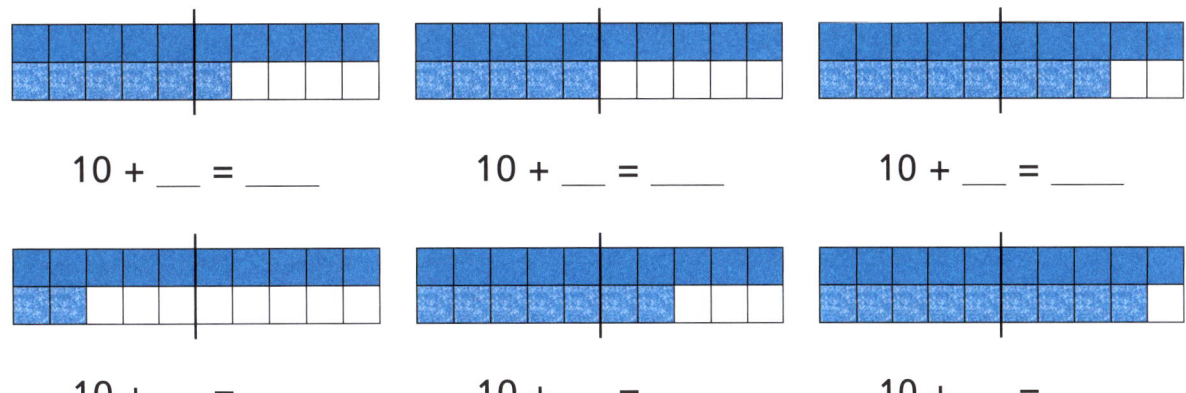

10 + __ = ____   10 + __ = ____   10 + __ = ____

10 + __ = ____   10 + __ = ____   10 + __ = ____

2 Lege mit den Zahlenkarten.

| 1 0 | 1 | 10 + 1 = ____ | 1 0 | 5 | ____ + __ = ____
| 1 0 | 6 | 10 + __ = ____ | 1 0 | 9 | ____ + __ = ____
| 1 0 | 3 | ____ + __ = ____ | 1 0 | 7 | ____ + __ = ____
| 1 0 | 8 | ____ + __ = ____ | 1 0 | 2 | ____ + __ = ____

3 Rechne.

| 1 8 | 18 = ____ + __
| 1 2 | ____ = ____ + __
| 1 7 | ____ = ____ + __
| 1 3 | ____ = ____ + __

4 Rechne.

| 1 9 | 19 − 10 = ____
| 1 9 | 19 − ____ = 10
| 1 9 | 19 − ____ = 9
| 1 9 | 19 − 9 = ____

5 Rechne.

10 + 1 = ____   16 = 10 + ____   10 + ____ = 14

10 + 2 = ____   17 = 10 + ____   10 + ____ = 15

10 + 3 = ____   18 = 10 + ____   10 + SB = 16

10 + 4 = ____   19 = 10 + ____   10 + ____ = 17

10 + 5 = ____   20 = 10 + ____   10 + ____ = 18

Fredo 1 Mathematik – Arbeitsheft © 2015 Cornelsen Schulverlage GmbH, Berlin

1 Trage die fehlenden Zahlen ein.

	2	3		5	6		8		
			14			17		19	20

2 Trage die fehlenden Zahlen ein.

4		6

17		

	12	

		20

3 Trage die fehlenden Zahlen ein.

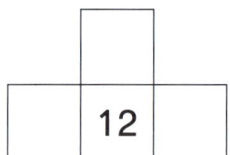

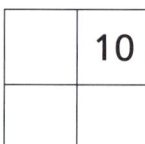

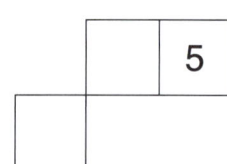

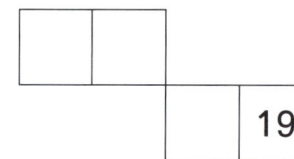

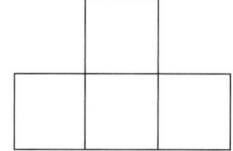

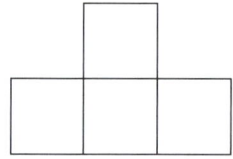

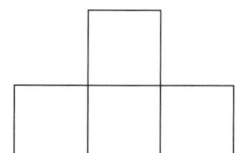

4 Finde verschiedene Möglichkeiten.

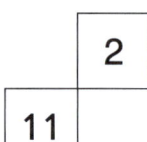

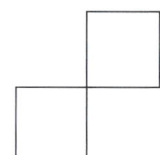

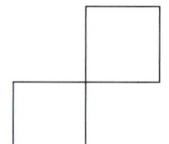

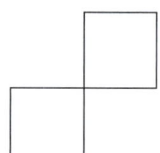

Vergleiche mit einem Partner.

Fredo 1 Mathematik – Arbeitsheft © 2015 Cornelsen Schulverlage GmbH, Berlin

| 1 | 2 | 3 | 4 | 5 | 6 | 7 | 8 | 9 | 10 | 11 | 12 | 13 | 14 | 15 | 16 | 17 | 18 | 19 | 20 |

1 Wie geht es weiter?

4	5								14
10	11								20
19	18								9
11	10								1

2 Wie geht es weiter?

4		6									18
5		7									19
18		16									4
17		15									3

3 Wie geht es weiter?

3	6				21
4	8			20	
1	2	4	7	11		22

20	17	14			5
21	17	13			1
18	17	15	12		3

Fredo 1 Mathematik – Arbeitsheft © 2015 Cornelsen Schulverlage GmbH, Berlin

1 Trage die Nachbarzahl ein.

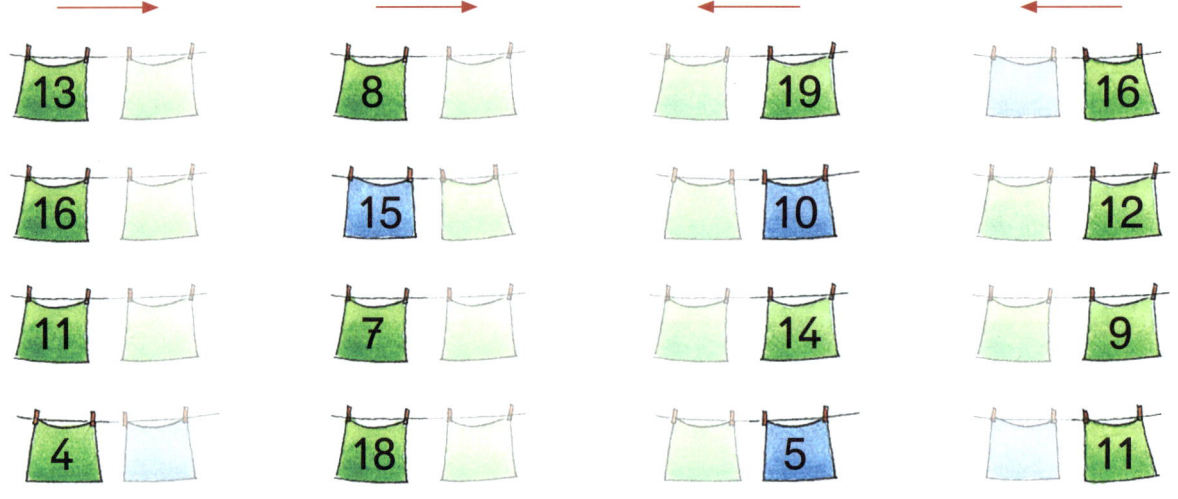

→ → ← ←

13		8			19		16
16		15			10		12
11		7		14			9
4		18			5		11

2 Trage die Nachbarzahlen ein.

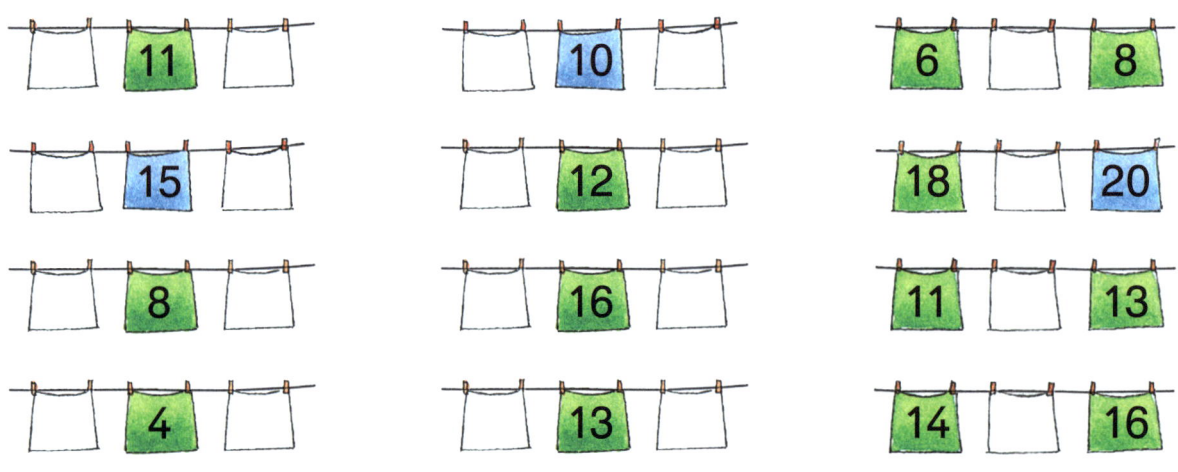

	11			10		6		8
	15			12		18		20
	8			16		11		13
	4			13		14		16

3 Trage die richtigen Zahlen ein.

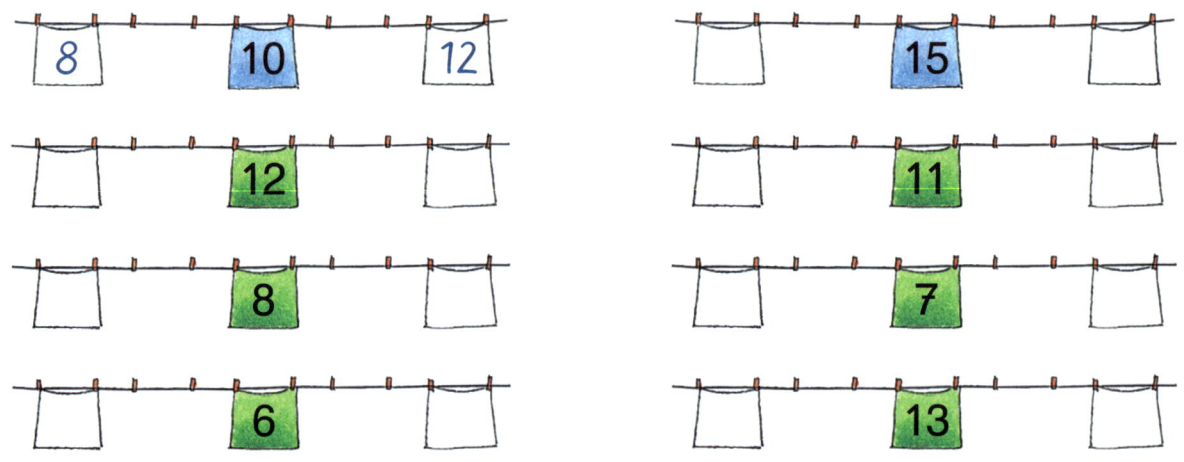

8	10	12			15	
	12				11	
	8				7	
	6				13	

Fredo 1 Mathematik – Arbeitsheft © 2015 Cornelsen Schulverlage GmbH, Berlin

1 Vergleiche: (<), (>), (=)

1 (<) 4	6 ◯ 8	8 ◯ 10	7 ◯ 10
11 ◯ 14	17 ◯ 17	1 ◯ 11	6 ◯ 16
13 ◯ 8	18 ◯ 19	14 ◯ 17	11 ◯ 10
16 ◯ 11	12 ◯ 11	15 ◯ 18	14 ◯ 14
19 ◯ 11	10 ◯ 0	9 ◯ 9	19 ◯ 14

2 Trage eine passende Zahl ein.

5 < ___	14 > ___	15 < ___	8 = ___
8 < ___	17 > ___	18 < ___	19 < ___
12 < ___	20 > ___	7 > ___	9 < ___
16 < ___	13 > ___	12 > ___	18 > ___
1 < ___	11 > ___	20 = ___	4 > ___

3 Trage eine passende Zahl ein.

7 < ___ < 9	19 > ___ > 15
8 < ___ < 12	15 > ___ > 13
15 < ___ < 20	10 > ___ > 8
16 < ___ < 19	17 > ___ > 14
2 < ___ < 4	20 > ___ > 18

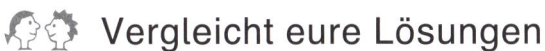

Vergleicht eure Lösungen.

4 Zahlenrätsel

Ich denke mir eine Zahl. Meine Zahl ist kleiner als 11 und größer als 7.

Welche Zahlen könnten es sein? _____

Ich denke mir eine Zahl. Meine Zahl ist größer als 10 und kleiner als 13.

Welche Zahlen könnten es sein? _____

Fredo 1 Mathematik – Arbeitsheft © 2015 Cornelsen Schulverlage GmbH, Berlin

1 Wähle passende Zahlen und vergleiche.

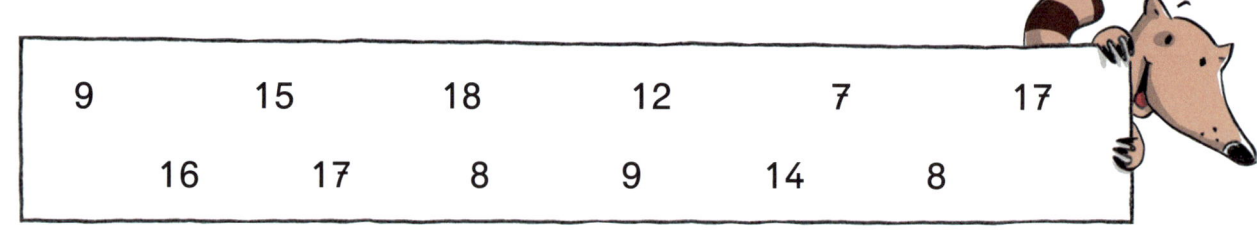

9	15	18	12	7	17
16	17	8	9	14	8

___ (<) ___   ___ ◯ ___   ___ ◯ ___

___ (<) ___   ___ ◯ ___   ___ ◯ ___

___ (>) ___   ___ ◯ ___   ___ ◯ ___

___ (>) ___   ___ ◯ ___   ___ ◯ ___

___ (=) ___   ___ ◯ ___   ___ ◯ ___

2 Trage die Zahlen passend ein.

16 8 8
0 5 7

8 (=) *8*
16 (>) *5*
___ (<) ___

15 6 9
13 14 15

___ (=) ___
___ (>) ___
___ (<) ___

11 17 11
16 19 18

___ (=) ___
___ (>) ___
___ (<) ___

7 11 10
10 12 6

___ (=) ___
___ (>) ___
___ (<) ___

18 2 9
13 18 19

___ (=) ___
___ (>) ___
___ (<) ___

2 17 4
4 5 15

___ (=) ___
___ (>) ___
___ (<) ___

Fredo 1 Mathematik – Arbeitsheft © 2015 Cornelsen Schulverlage GmbH, Berlin

1 Finde die verwandte Aufgabe und rechne.

4 + 3 = ____   __ + __ = ____   __ + __ = ____
14 + 3 = ____   12 + 5 = ____   16 + 2 = ____

__ – __ = ____   __ – __ = ____   __ – __ = ____
19 – 5 = ____   15 – 4 = ____   18 – 6 = ___

| 6 + 2 | 4 + 3 | 8 – 6 | 5 – 4 | 2 + 5 | 9 – 5 |

2 Finde die verwandte Aufgabe und rechne.

12 + 6 = ____   13 + 5 = ____   15 + 4 = ____   11 + 8 = ____
2 + 6 = ____   __ + __ = ____   __ + __ = ____   __ + __ = ____

16 – 3 = ____   18 – 4 = ____   17 – 3 = ____   19 – 6 = ____
6 – 3 = ____   __ – __ = ____   __ – __ = ____   __ – __ = ____

Die verwandte Aufgabe hilft.

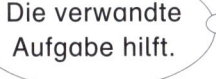

3 Rechne.

15 + 3 = 18	10 + 7 = ____	16 – 4 = ____	18 – 7 = ____
17 + 2 = ____	13 + 2 = ____	13 – 2 = ____	15 – 3 = ____
12 + 4 = ____	16 + 2 = ____	19 – 6 = ____	12 – 2 = ____
14 + 6 = ____	19 + 0 = ____	17 – 5 = ____	19 – 3 = ____
11 + 7 = ____	14 + 4 = ____	14 – 3 = ____	16 – 5 = ____

4 Welche Zahl fehlt?

| 8 + ____ = 9 | 5 + ____ = 18 | ____ + 3 = 10 | ____ + 2 = 17 |
| 8 + ____ = 19 | 5 + ____ = 8 | ____ + 3 = 20 | ____ + 2 = 7 |

| 9 – ____ = 2 | 6 – ____ = 4 | ____ – 8 = 11 | ____ – 6 = 13 |
| 19 – ____ = 12 | 16 – ____ = 14 | ____ – 8 = 1 | ____ – 6 = 3 |

Fredo 1 Mathematik – Arbeitsheft © 2015 Cornelsen Schulverlage GmbH, Berlin

1 Wie viel Euro sind es?

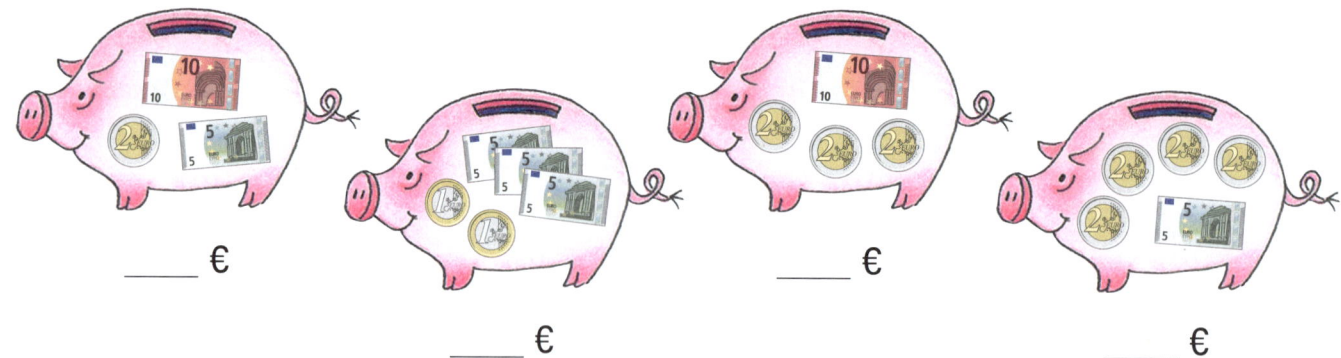

____ €

____ €

____ €

____ €

2 Ergänze die Tabelle.

Scheine und Münzen	Geldbetrag
5 5 ② ②	14 €
10 5 ① ① ①	
5 ② ② ② ①	
5 5 5 ② ②	
10 ② ① ① ① ①	

3 Lege und male.

15 €	9 €	18 €	17 €

Vergleiche mit einem Partner.

4 Welche Scheine und Münzen sind es? Trage ein.

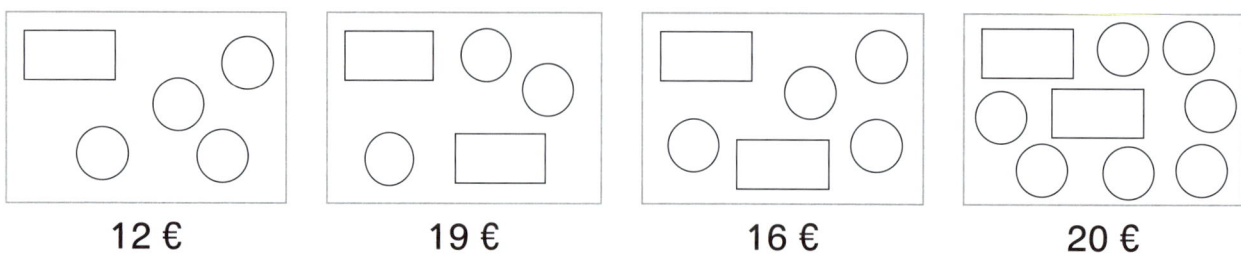

12 €   19 €   16 €   20 €

Fredo 1 Mathematik – Arbeitsheft © 2015 Cornelsen Schulverlage GmbH, Berlin

Kannst du das? 4

1 Muster fortsetzen

2 Zahlen in der Zwanzigertafel anordnen

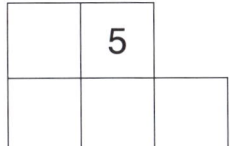  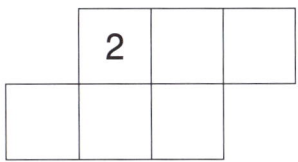 

3 Zahlenfolgen fortsetzen

14, 15, 16, ____, ____, ____, 20   8, 10, 12, ____, ____, ____, 20

17, 16, 15, ____, ____, ____, 11   14, 12, 10, ____, ____, ____, 2

4 Zahlen mit <, =, > vergleichen

13 ◯ 15   11 ◯ 11   18 ◯ 20   15 ◯ 17

12 ◯ 20   17 ◯ 16   15 ◯ 15   19 ◯ 16

5 Verwandte Aufgaben finden

_4_ + _3_ = ____   __ + __ = ____   __ − __ = ____   __ − __ = ____

14 + 3 = ____   12 + 7 = ____   16 − 3 = ____   18 − 4 = ____

6 Mit Geld rechnen

  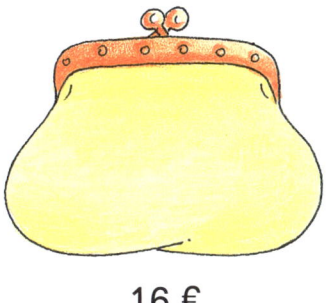

____ €   ____ €   16 €

1 Verdopple. Male und rechne.

__ + __ = ____   __ + __ = ____   __ + __ = ____

2

Zahl	4	7	0	5	3	1	6	9	2	8	10
das Doppelte											

3 Zahlenrätsel

Ich denke mir eine Zahl. Das Doppelte der Zahl ist 12.

Ich denke mir eine Zahl. Ich verdopple und rechne plus 3. Das Ergebnis ist 17.

____   ____

4 Halbiere.

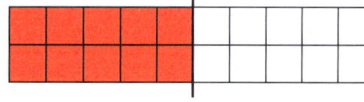   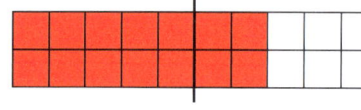   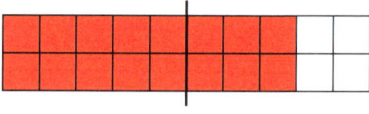

10 = __ + __   14 = __ + __   16 = __ + __

5

Zahl	8	20	16	6	14	2	10	4	0	18	12
die Hälfte											

6 Zahlenrätsel

Ich denke mir eine Zahl. Die Hälfte der Zahl ist 8.

Ich denke mir eine Zahl. Ich halbiere sie und rechne minus 4. Das Ergebnis ist 2.

____   ____

Fredo 1 Mathematik – Arbeitsheft © 2015 Cornelsen Schulverlage GmbH, Berlin

1 Male die Perlen an.

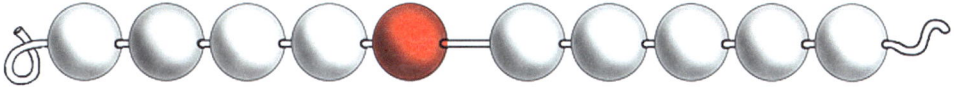

rot: **5.** **10.**

gelb: **1.** **2.** **6.** **7.**

blau: **3.** **4.** **8.** **9.**

2 Schreibe auf, an welcher Stelle sich die Perlen befinden.

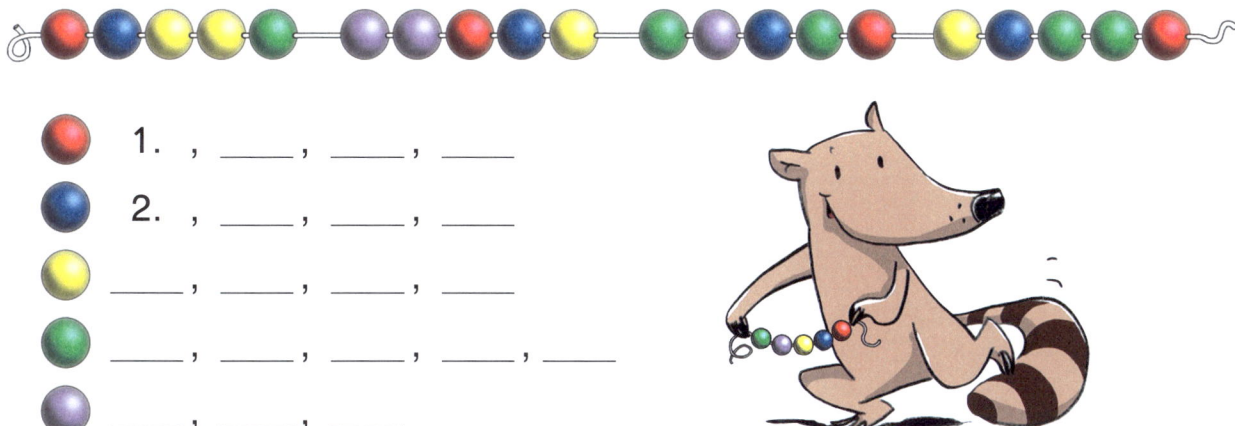

1. , _____ , _____ , _____

2. , _____ , _____ , _____

_____ , _____ , _____ , _____

_____ , _____ , _____ , _____ , _____

_____ , _____ , _____

3 Schreibe die Namen an die richtige Stelle.

Fredo ist der Erste. **Frida** ist die Vierte.
Jette steht zwischen Fredo und **Justus**.

_____   _____   _____   _____
　　1.　　　　　　　　　2.　　　　　　　　　3.　　　　　　　　　4.

4 Schreibe die Namen an die richtige Stelle.

Justus steht hinter Fips und vor Frida. Fredo steht hinter Jette.
Frida steht vor Jette. Fredo ist der Letzte.

_____   _____   _____   _____   _____
　　1.　　　　　　　2.　　　　　　　3.　　　　　　　4.　　　　　　　5.

1 Male, rechne und schreibe.

1 + 5		$\underline{1}$ + $\underline{5}$ = __
2 + 5		__ + __ = __
3 + 5		__ + __ = __
4 + 5		__ + __ = __

Die erste Zahl	wird immer um 1 _____ .
Die zweite Zahl	bleibt immer _____ .
Das Ergebnis	wird immer um 1 _____ .

größer

kleiner

gleich

2 Male, rechne und schreibe.

2 + 2		__ + __ = __
3 + 2		__ + __ = __
4 + 2		__ + __ = __
5 + 2		__ + __ = __

Die erste Zahl	wird immer um 1 _____ .
Die zweite Zahl	bleibt immer _____ .
Das Ergebnis	wird immer um 1 _____ .

Fredo 1 Mathematik – Arbeitsheft © 2015 Cornelsen Schulverlage GmbH, Berlin

3 Welche Zahlen verändern sich?

7 + 1 = ____

7 + 2 = ____

7 + 3 = ____

7 + 4 = ____

Die erste Zahl	bleibt immer _____ .
Die zweite Zahl	wird immer um _____ .
Das Ergebnis	wird immer um _____ .

6 + 2 = ____

7 + 2 = ____

8 + 2 = ____

9 + 2 = ____

Die erste Zahl	wird immer um _____ .
Die zweite Zahl	bleibt immer _____ .
Das Ergebnis	wird immer um _____ .

4 Welches Päckchen passt zum Text? Kreise ein.

Die erste Zahl	bleibt immer gleich.
Die zweite Zahl	wird immer um 1 kleiner.
Das Ergebnis	wird immer um _____ .

9 + 1 = ____   4 + 4 = ____   3 + 5 = ____

9 + 2 = ____   5 + 4 = ____   3 + 4 = ____

9 + 3 = ____   6 + 4 = ____   3 + 3 = ____

9 + 4 = ____   7 + 4 = ____   3 + 2 = ____

5 Vervollständige die Kästchen. Ergänze die Sätze.

| 5 + 3 | 5 + 4 | __ + __ | __ + __ |

Die erste Zahl	_____ .
Die zweite Zahl	_____ .
Das Ergebnis	_____ .

1 Rechne.

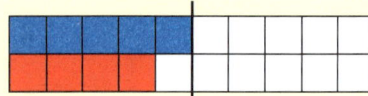

5 + 4 = ____

5 + 4 ist um 1 kleiner als 5 + 5.

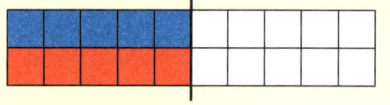

5 + 5 = ____

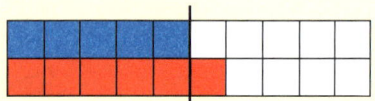

5 + 6 = ____

5 + 6 ist um 1 größer als 5 + 5.

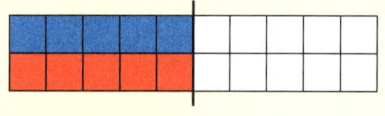

5 + 5 = ____

2 Trage ein: 1 größer oder 1 kleiner.

8 + 7	ist um __1 kleiner__ als	8 + 8
8 + 9	ist um _____ als	8 + 8
9 + 8	ist um _____ als	8 + 8
7 + 8	ist um _____ als	8 + 8

3 Rechne.

6 + 6 – 1 = ____

6 + 6 + 1 = ____

7 + 7 – 1 = ____

7 + 7 + 1 = ____

8 + 8 – 1 = ____

8 + 8 + 1 = ____

4 Rechne.

___ + ___ = ____   ___ + ___ = ____   ___ + ___ = ____   ___ + ___ = ____

5 + 4 = ____   5 + 6 = ____   7 + 6 = ____   7 + 8 = ____

5 Finde die beiden passenden Verdopplungsaufgaben.

___ + ___ = ____   ___ + ___ = ____   ___ + ___ = ____   ___ + ___ = ____

3 + 4 = ____   4 + 5 = ____   8 + 7 = ____   9 + 8 = ____

___ + ___ = ____   ___ + ___ = ____   ___ + ___ = ____   ___ + ___ = ____

Fredo 1 Mathematik – Arbeitsheft © 2015 Cornelsen Schulverlage GmbH, Berlin

6 Male und rechne.

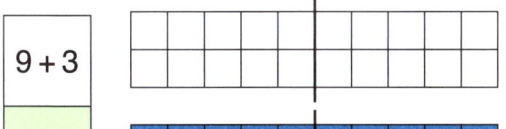

9 + 3

10 + 3

9 + 3 = ____

10 + 3 = ____

9 + 3 ist um 1 _____ als 10 + 3

größer

6 + 9 6 + 10

6 + 9 = ____

6 + 10 = ____

6 + 9 ist um 1 _____ als 6 + 10

kleiner

7 Rechne.

10 + 5 − 1 = ____   10 + 8 − 1 = ____   10 + 6 − 1 = ____

6 + 10 − 1 = ____   3 + 10 − 1 = ____   9 + 10 − 1 = ____

8 Finde die passende Aufgabe und rechne.

10 + 6 = ____   ___ + ___ = ____   ___ + ___ = ____   ___ + ___ = ____

9 + 6 = ____   9 + 8 = ____   9 + 5 = ____   9 + 3 = ____

4 + 10 = ____   ___ + ___ = ____   ___ + ___ = ____   ___ + ___ = ____

4 + 9 = ____   8 + 9 = ____   6 + 9 = ____   3 + 9 = ____

9 Finde weitere Aufgaben.

___ + ___ = ____   ___ + ___ = ____   ___ + ___ = ____   ___ + ___ = ____

___ + ___ = ____   ___ + ___ = ____   ___ + ___ = ____   ___ + ___ = ____

Fredo 1 Mathematik – Arbeitsheft © 2015 Cornelsen Schulverlage GmbH, Berlin

1 Rechne.

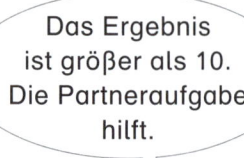

Das Ergebnis ist größer als 10. Die Partneraufgabe hilft.

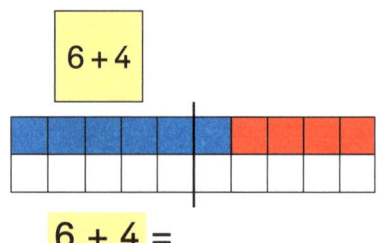

6 + 4 = _____

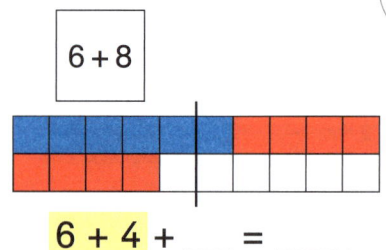

6 + 4 + __ = _____

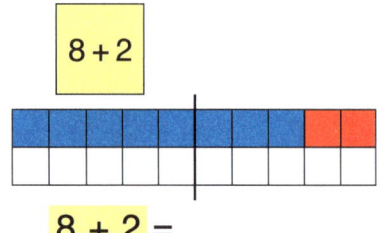

8 + 2 = _____

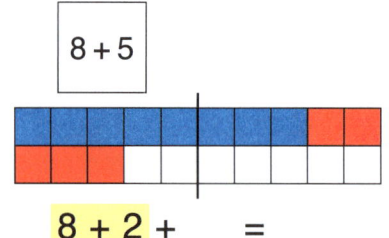

8 + 2 + __ = _____

Ich mache immer zuerst die obere Reihe voll.

2 Male und rechne.

8 + 4	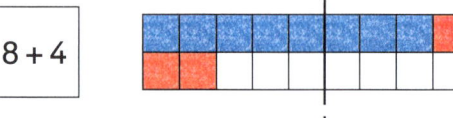	8 + 2 + _2_ = _____
8 + 6	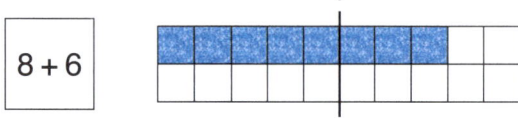	__ + __ + __ = _____
5 + 8		__ + __ + __ = _____
5 + 7		__ + __ + __ = _____
7 + 6		__ + __ + __ = _____
7 + 9		__ + __ + __ = _____

3 Rechne mit den **Partneraufgaben**.

8 + 3 = _____   8 + 7 = _____   8 + 5 = _____

8 + __ + __ = _____   8 + __ + __ = _____   8 + __ + __ = _____

6 + 5 = _____   6 + 7 = _____   6 + 9 = _____

6 + __ + __ = _____   __ + __ + __ = _____   __ + __ + __ = _____

Fredo 1 Mathematik – Arbeitsheft © 2015 Cornelsen Schulverlage GmbH, Berlin

Rechenwege bei Plusaufgaben

1 Finde die **Partneraufgabe** und rechne.

8 + 5 = ____   7 + 9 = ____   6 + 8 = ____
_8_ + _2_ + _3_ = ____   __ + __ + __ = ____   __ + __ + __ = ____

9 + 4 = ____   5 + 6 = ____   7 + 5 = ____
__ + __ + __ = ____   __ + __ + __ = ____   __ + __ + __ = ____

3 + 9 = ____   4 + 8 = ____   9 + 6 = ____
__ + __ + __ = ____   __ + __ + __ = ____   __ + __ + __ = ____

3 + 8 = ____   7 + 4 = ____   5 + 9 = ____
__ + __ + __ = ____   __ + __ + __ = ____   __ + __ + __ = ____

2 Finde die **Verdopplungsaufgabe** und rechne.

7 + 6 = ____   6 + 7 = ____   7 + 8 = ____
_7_ + _7_ (−) _1_ = ____   __ + __ ( ) __ = ____   __ + __ ( ) __ = ____

9 + 8 = ____   5 + 6 = ____   8 + 7 = ____
__ + __ ( ) __ = ____   __ + __ ( ) __ = ____   __ + __ ( ) __ = ____

8 + 9 = ____   6 + 5 = ____
__ + __ ( ) __ = ____   __ + __ ( ) __ = ____

3 Finde die **Aufgabe mit der 10** und rechne.

9 + 5 = ____   9 + 7 = ____   9 + 8 = ____
_10_ + _5_ − _1_ = ____   __ + __ − __ = ____   __ + __ − __ = ____

9 + 4 = ____   9 + 6 = ____   9 + 3 = ____
__ + __ − __ = ____   __ + __ − __ = ____   __ + __ − __ = ____

3 + 9 = ____   8 + 9 = ____   6 + 9 = ____
__ + __ − __ = ____   __ + __ − __ = ____   __ + __ − __ = ____

4 + 9 = ____   7 + 9 = ____   5 + 9 = ____
__ + __ − __ = ____   __ + __ − __ = ____   __ + __ − __ = ____

1 Welche Aufgabe hilft? Verbinde und rechne.

Verdopplungs-aufgaben

| 6 + 7 = ____ | 8 + 9 = ____ | 7 + 8 = ____ |

| 8 + 8 + 1 = ____ | 6 + 6 + 1 = ____ | 7 + 7 + 1 = ____ |

Mit der 10

| 9 + 7 = ____ | 6 + 9 = ____ | 3 + 9 = ____ |

| 6 + 10 − 1 = ____ | 10 + 7 − 1 = ____ | 3 + 10 − 1 = ____ |

2 Rechne auf deinem Weg.

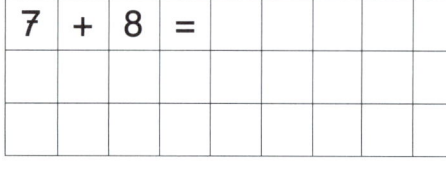
7 + 8 =

8 + 6 =

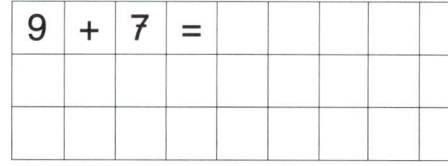
9 + 7 =

3 + 9 =

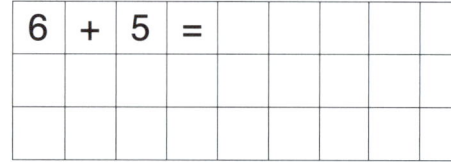
6 + 5 =

7 + 5 =

3 Welche Aufgaben können helfen? Verbinde und rechne.

5 + 6 = ____	7 + 10	7 + 8 = ____	8 + 2
7 + 9 = ____	7 + 3	9 + 5 = ____	7 + 7
7 + 5 = ____	5 + 5	8 + 6 = ____	10 + 5

Fredo 1 Mathematik – Arbeitsheft © 2015 Cornelsen Schulverlage GmbH, Berlin

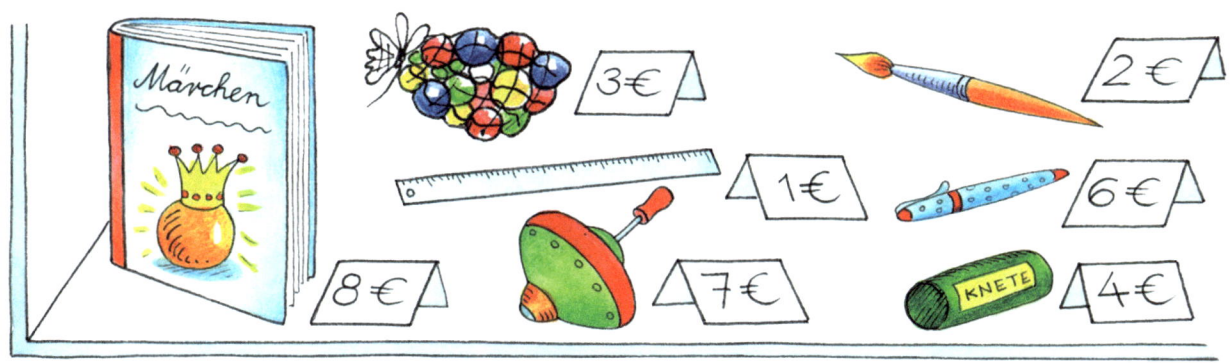

1 Wie viel kostet es?

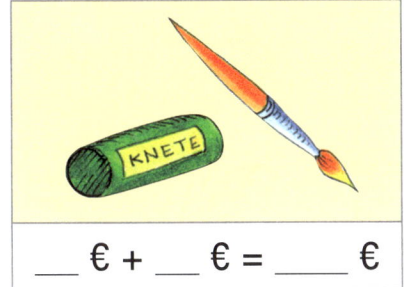

__ € + __ € = ____ €

__ € + __ € = ____ €

__ € + __ € = ____ €

2 Wie viel kostet es?

__ € + __ € + __ € = ____ €

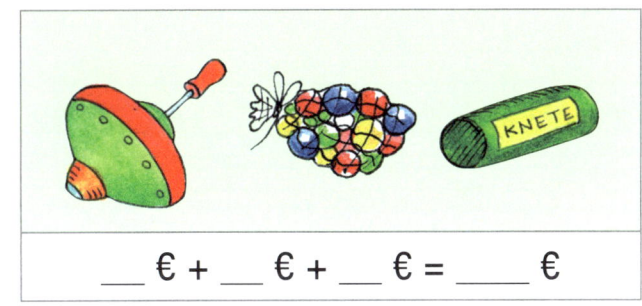

__ € + __ € + __ € = ____ €

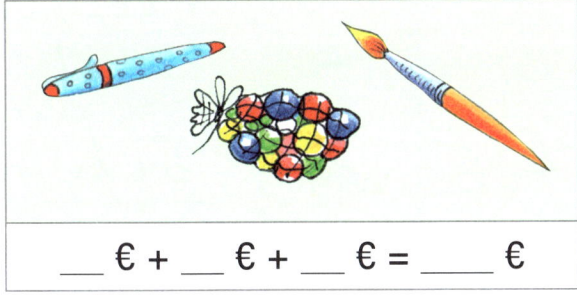

__ € + __ € + __ € = ____ €

__ € + __ € + __ € + __ € = ____ €

3 Du hast 10 Euro. Male und rechne.

1 Wie viel Euro kosten 2 Stück?

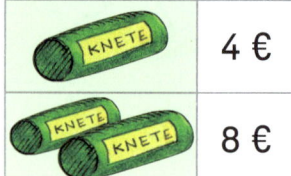 4 €

8 €

 3 €

__ €

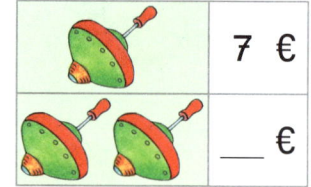 7 €

__ €

 8 €

__ €

2 Wie viel kostet 1 Stück?

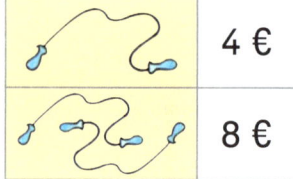 4 €

8 €

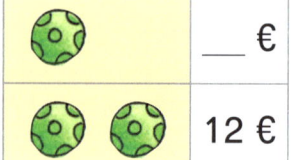 __ €

12 €

 __ €

10 €

 __ €

18 €

3 Trage ein.

Aufgepasst!

1 Stück	4 €	6 €	10 €	8 €	5 €			
2 Stück						8 €	18 €	14 €

1 Stück						4 €	2 €	7 €
2 Stück	20 €	10 €	6 €	12 €	18 €			

4 Was wurde noch gekauft? Male.

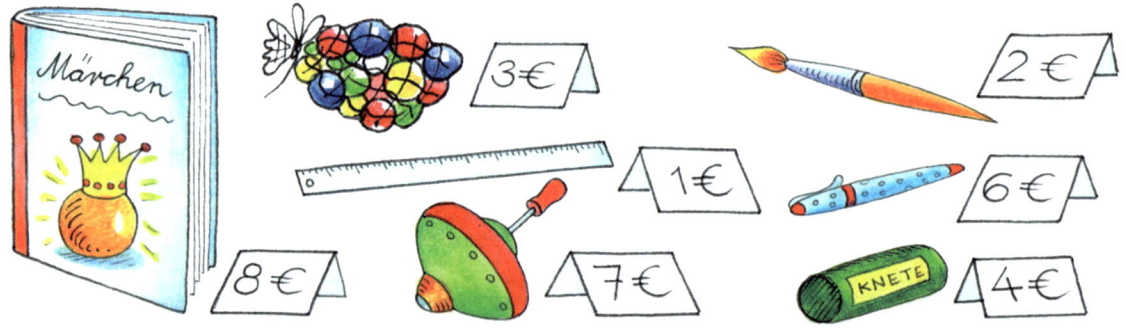

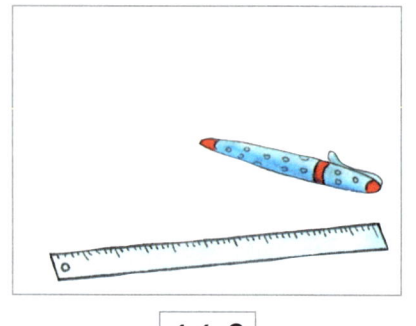

14 €

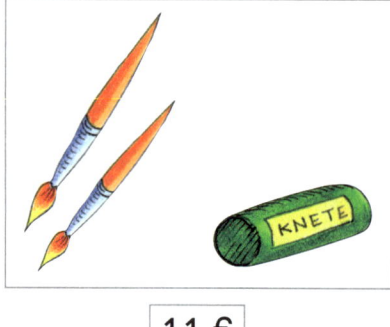

11 €

20 €

58

Fredo 1 Mathematik – Arbeitsheft © 2015 Cornelsen Schulverlage GmbH, Berlin

Kannst du das? 5

1 Verdoppeln und halbieren

Zahl	5	2	10	7
das Doppelte				

Zahl	14	18	20	12
die Hälfte				

2 Ordnungszahlen anwenden

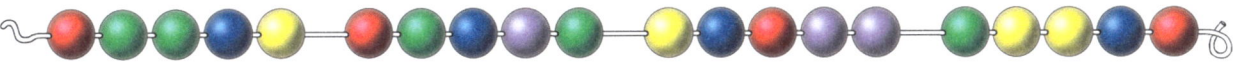

🔴 1. , _____ , _____ , _____

🟢 2. , _____ , _____ , _____ , _____

🔵 _____ , _____ , _____ , _____

🟡 _____ , _____ , _____ , _____

🟣 _____ , _____ , _____

3 Plusaufgaben lösen

6 + 9 =

6 + 7 =

8 + 5 =

4 + 9 =

4 Preise berechnen

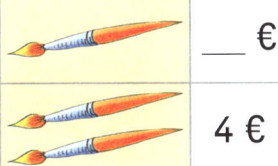 __ €

4 €

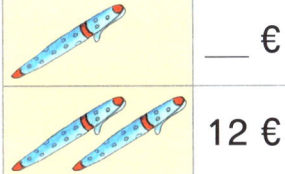 __ €

12 €

 __ €

10 €

__ €

16 €

5 Preise berechnen

1 Stück	3 €	5 €	7 €	8 €	10 €			
2 Stück						6 €	14 €	18 €

Fredo 1 Mathematik – Arbeitsheft © 2015 Cornelsen Schulverlage GmbH, Berlin

1 Rechne immer zuerst die Aufgabe, die du einfacher findest.

6 + 6 = _____   7 + 6 = _____   8 + 7 = _____   5 + 8 = _____

_____   _____   _____   _____

2 3 Zahlen – 4 Aufgaben

| 12 | 9 | 3 | | 8 | 11 | 3 | | 6 | 8 | 14 |

9 + 3 = _____   8 + 3 = _____   6 + 8 = _____

3 + 9 = _____   ___ + 8 = _____   ___ + __ = _____

12 – 9 = _____   11 – 8 = _____   ___ – __ = _____

12 – 3 = _____   ___ – __ = _____   ___ – __ = _____

3 Finde die 3 passenden Aufgaben.
Male sie in der gleichen Farben an.

15 – 4 = 11   6 + 7 = 13   9 + 5 = 14

13 – 7 = ___

7 + ___ = 13

15 – 11 = __

4 + 11 = _____

 11 + 4 = _____

14 – 9 = _____

5 + 9 = _____

13 – ___ = 7

14 – ___ = 9

4 Welche Zahlenkarte passt nicht? Streiche durch.

| 10 | 8 | 17 | 2 | | 7 | 3 | 8 | 10 | | 14 | 4 | 7 | 7 |

| 4 | 10 | 6 | 5 | | 8 | 9 | 8 | 16 | | 12 | 5 | 10 | 15 |

Fredo 1 Mathematik – Arbeitsheft © 2015 Cornelsen Schulverlage GmbH, Berlin

1 Rechne.

3 – 1 = ___	5 – 4 = ___	7 – 5 = ___	9 – 1 = ___
13 – 1 = ___	15 – 4 = ___	17 – 5 = ___	19 – 1 = ___
6 – 2 = ___	8 – 7 = ___	4 – 3 = ___	7 – 4 = ___
16 – 2 = ___	18 – 7 = ___	14 – 3 = ___	17 – 4 = ___

2 Rechne. Wie geht es weiter?

15 – 1 = ___	16 – 2 = ___	20 – 10 = ___	18 – 7 = ___
15 – 2 = ___	16 – 3 = ___	20 – 9 = ___	18 – 6 = ___
15 – 3 = ___	16 – ___ = ___	20 – 8 = ___	18 – ___ = ___
15 – ___ = ___	16 – ___ = ___	20 – ___ = ___	18 – ___ = ___
___ – ___ = ___	___ – ___ = ___	___ – ___ = ___	___ – ___ = ___

3 Rechne.

Ich rechne
8 + __ = 12.

12 – 8 = __	13 – 9 = __	11 – 8 = __
8 + _4_ = 12	**9 + __ = 13**	**8 + __ = 11**
14 – 8 = __	15 – 12 = __	20 – 16 = __
8 + __ = 14	**12 + __ = 15**	**16 + __ = 20**

Ich denke an die
Aufgaben mit der 10.
Ich rechne
17 – 10 + 1.

17 – 9 = __	14 – 9 = __	13 – 9 = __
17 – 10 = _7_	**14 – 10 = __**	**13 – 10 = __**
16 – 9 = __	12 – 9 = __	15 – 9 = __
16 – 10 = __	**12 – 10 = __**	**15 – 10 = __**

4

Ich denke an
die Verdopplungs-
aufgaben.

12 – 5 = __	14 – 6 = __	16 – 7 = __
12 – 6 = _6_	**14 – 7 = __**	**16 – 8 = __**
13 – 6 = __	15 – 7 = __	17 – 8 = __
12 – 6 = __	**14 – 7 = __**	**16 – 8 = __**

1 Streiche durch und rechne.

12 − $\quad$ 8 $\quad$ = __

12 − 2 − 6 = __

11 − $\quad$ 5 $\quad$ = __

11 − 1 − __ = __

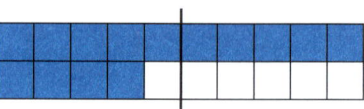

14 − $\quad$ 6 $\quad$ = __

14 − __ − __ = __

13 − $\quad$ 5 $\quad$ = __

13 − __ − __ = __

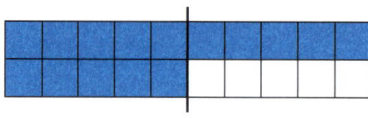

15 − $\quad$ 7 $\quad$ = __

15 − __ − __ = __

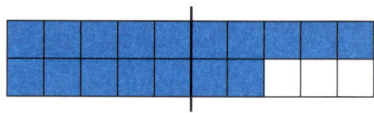

17 − $\quad$ 8 $\quad$ = __

17 − __ − __ = __

2 Immer erst bis zur 10.

15 − $\quad$ 6 $\quad$ = __
15 − 5 − 1 = __

13 − $\quad$ 6 $\quad$ = __
13 − 3 − __ = __

11 − $\quad$ 7 $\quad$ = __
11 − 1 − __ = __

12 − 5 = __
_____

11 − 6 = __
_____

15 − 6 = __
_____

11 − 4 = __
_____

Auf die Linie kannst du deinen Rechenweg schreiben.

13 − 7 = __
_____

16 − 8 = __
_____

12 − 6 = __
_____

14 − 5 = __
_____

12 − 7 = __
_____

13 − 8 = __
_____

3 Rechne. Wie geht es weiter?

18 − 10 = 8	15 − 9 = 6	10 − 1 = 9	16 − 11 = 5
17 − __ = 8	14 − __ = 5	11 − __ = 9	__ − 12 = 5
16 − __ = 8	13 − __ = 4	12 − __ = 9	__ − 13 = 5
__ − __ = 8	__ − __ = 3	__ − __ = 9	__ − __ = 5

Fredo 1 Mathematik – Arbeitsheft © 2015 Cornelsen Schulverlage GmbH, Berlin

1 Rechne mit dem gelben Koffer.

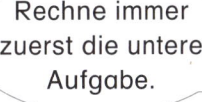
Rechne immer zuerst die untere Aufgabe.

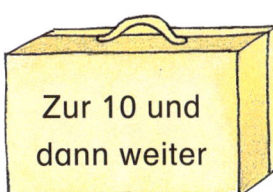

Zur 10 und dann weiter

13 −   7   = __   17 −   9   = __
13 − __ − __ = __   17 − __ − __ = __

14 −   6   = __   15 −   8   = __
14 − __ − __ = __   15 − __ − __ = __

2 Rechne mit dem rosa Koffer.

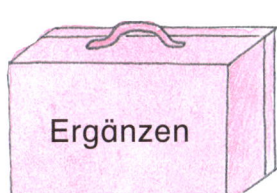

Ergänzen

14 − 9 = ____   12 − 7 = ____   11 − 6 = ____
9 + __ = 14   7 + __ = 12   6 + __ = 11

13 − 6 = ____   15 − 9 = ____   13 − 8 = ____
6 + __ = ____   9 + __ = ____   8 + __ = ____

3 Rechne mit dem grünen Koffer.

Mit der 10

15 −   9 = __   12 −   9 = __
15 − _10_ (+) _1_ = __   12 − __ ◯ __ = __

16 −   9 = __   14 −   9 = __
16 − __ ◯ __ = __   14 − __ ◯ __ = __

4 Rechne wie Fredo.

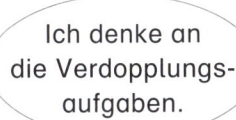
Ich denke an die Verdopplungsaufgaben.

14 − 8 = __   16 −   9 = __
14 − _7_ (−) _1_ = __   16 − __ ◯ __ = __

17 − 8 = __   15 −   7 = __
16 − _8_ (+) _1_ = __   __ − __ ◯ __ = __

Fredo 1 Mathematik – Arbeitsheft © 2015 Cornelsen Schulverlage GmbH, Berlin

1 Streiche durch und rechne.

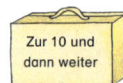

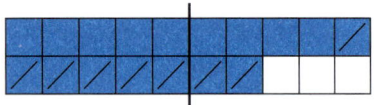

17 −   8   = __

17 − 7 − 1 = __

12 −   5   = __

12 − 2 − __ = __

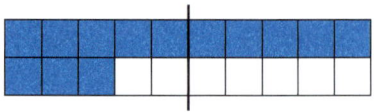

13 −   6   = __

13 − __ − __ = __

14 −   7   = __

14 − __ − __ = __

16 −   9   = __

16 − __ − __ = __

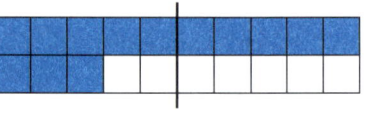

13 −   8   = __

13 − __ − __ = __

2 Rechne auf deinem Weg.

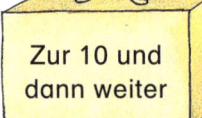 Zur 10 und dann weiter

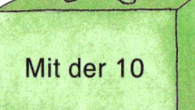 Mit der 10

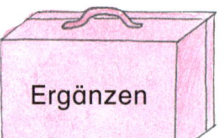 Ergänzen

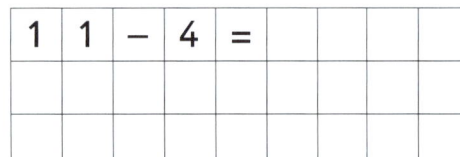 1 7 − 9 =

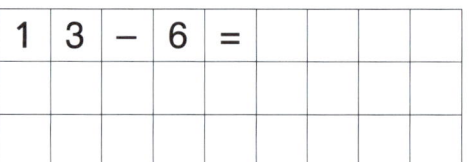 1 3 − 6 =

1 1 − 4 =

1 8 − 9 =

1 5 − 7 =

1 6 − 7 =

1 2 − 5 =

1 4 − 8 =

Fredo 1 Mathematik – Arbeitsheft © 2015 Cornelsen Schulverlage GmbH, Berlin

3 Tintenkleckse: Welche Zahlen sind versteckt?

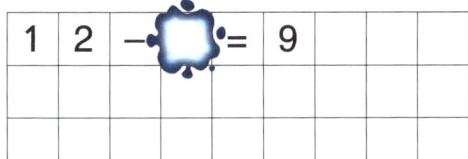 $1\,2 - \square = 9$

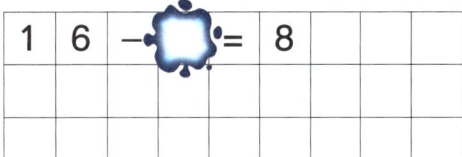 $1\,7 - \square = 9$

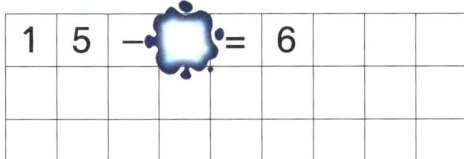 $1\,5 - \square = 6$

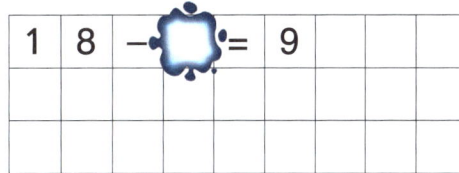 $1\,6 - \square = 8$

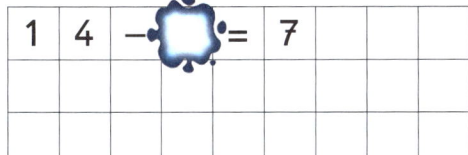 $1\,4 - \square = 7$

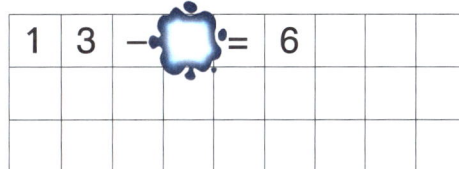 $1\,8 - \square = 9$

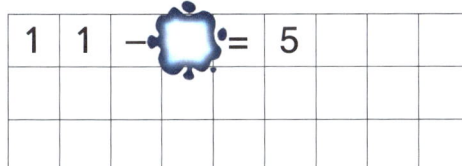 $1\,1 - \square = 5$

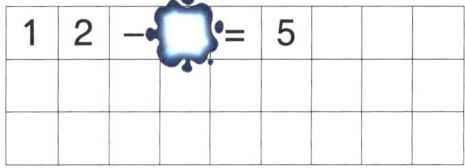 $1\,3 - \square = 6$

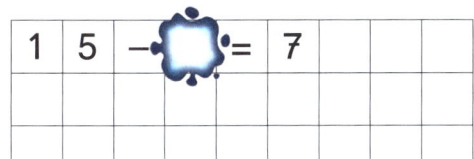 $1\,5 - \square = 7$

$1\,2 - \square = 5$

4 Rechenrätsel

 Ich denke mir eine Zahl. Ich nehme 6 weg und erhalte 5.

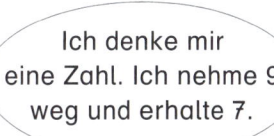 Ich denke mir eine Zahl. Ich nehme 9 weg und erhalte 7.

 _____ ◯ _____ = ___

_____ ◯ _____ = ___

 Ich denke mir eine Zahl. Ich nehme 8 weg und erhalte 4.

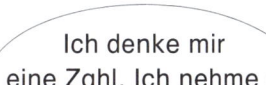 Ich denke mir eine Zahl. Ich nehme 5 weg und erhalte 7.

 _____ ◯ _____ = ___

 _____ ◯ _____ = ___

wird um ___ größer   wird um ___ kleiner   bleibt gleich

1 Rechne und schreibe.

5 + 1 = ____
5 + 2 = ____
5 + 3 = ____
5 + 4 = ____

Die erste Zahl	_____.
Die zweite Zahl	_____.
Das Ergebnis	_____.

3 + 6 = ____
4 + 5 = ____
5 + 4 = ____
6 + 3 = ____

Die erste Zahl	_____.
Die zweite Zahl	_____.
Das Ergebnis	_____.

2 Rechne und ordne zu.

5 + 3 = ____
6 + 3 = ____
7 + 3 = ____
8 + 3 = ____

4 + 12 = ____
4 + 10 = ____
4 + 8 = ____
4 + __ = ____

6 + 6 = ____
5 + 7 = ____
4 + 8 = ____
__ + __ = ____

Die erste Zahl wird um 1 kleiner.
Die zweite Zahl wird um 1 größer.
Das Ergebnis bleibt gleich.

Die erste Zahl wird um 1 größer.
Die zweite Zahl bleibt gleich.
Das Ergebnis wird um 1 größer.

Die erste Zahl bleibt gleich.
Die zweite Zahl wird um 2 kleiner.
Das Ergebnis wird um 2 kleiner.

3 Finde zu dem Text ein passendes
Aufgabenpäckchen.

Die erste Zahl wird um 2 größer.
Die zweite Zahl wird um 1 kleiner.

Das Ergebnis _____.

____ + ____ = ____
____ + ____ = ____
____ + ____ = ____
____ + ____ = ____

Fredo 1 Mathematik – Arbeitsheft © 2015 Cornelsen Schulverlage GmbH, Berlin

1 Rechne und schreibe.

18 − 7 = ____
18 − 6 = ____
18 − 5 = ____
18 − 4 = ____

Die erste Zahl	_____ .
Die zweite Zahl	_____ .
Das Ergebnis	_____ .

17 − 6 = ____
16 − 5 = ____
15 − 4 = ____
14 − 3 = ____

Die erste Zahl	_____ .
Die zweite Zahl	_____ .
Das Ergebnis	_____ .

2 Rechne und ordne zu.

12 − 6 = ____
13 − 6 = ____
14 − 6 = ____
15 − 6 = ____

16 − 5 = ____
16 − 6 = ____
16 − 7 = ____
16 − __ = ____

12 − 4 = ____
13 − 5 = ____
14 − 6 = ____
15 − __ = ____

Die erste Zahl bleibt gleich.
Die zweite Zahl wird um 1 größer.
Das Ergebnis wird um 1 kleiner.

Die erste Zahl wird um 1 größer.
Die zweite Zahl bleibt gleich.
Das Ergebnis wird um 1 größer.

Die erste Zahl wird um 1 größer.
Die zweite Zahl wird um 1 größer.
Das Ergebnis bleibt gleich.

3 Finde zu dem Text ein passendes
Aufgabenpäckchen.

Die erste Zahl wird um 2 größer.
Die zweite Zahl wird um 1 kleiner.

Das Ergebnis _____ .

____ − ____ = ____
____ − ____ = ____
____ − ____ = ____
____ − ____ = ____

Fredo 1 Mathematik – Arbeitsheft © 2015 Cornelsen Schulverlage GmbH, Berlin

1 Welche Fragen kannst du sicher mithilfe des Bildes beantworten? Kreuze an.

☐ Wie viele  stehen im Garten?

☐ Welches Gemüse wächst im Garten?

☐ Wie viele 🐌 sind morgen im Beet?

☐ Welche Farben haben die 🌹 ?

☐ Warum krabbeln die 🐜 weg?

2 Was gehört zusammen? Verbinde.

11 + 8 = ___
9 + 7 = ___
5 − 4 = ___
6 + 4 = ___
5 + 3 = ___
14 − 4 = ___

🖌 Male Bilder zu den beiden übrigen Aufgaben.

Fredo 1 Mathematik – Arbeitsheft © 2015 Cornelsen Schulverlage GmbH, Berlin

1 Wie spät ist es? Ergänze.

___ Uhr   ___ Uhr   ___ Uhr   ___ Uhr   ___ Uhr   ___ Uhr

___ Uhr   ___ Uhr   ___ Uhr   ___ Uhr   ___ Uhr   ___ Uhr

2 Trage die Zeiger ein.

 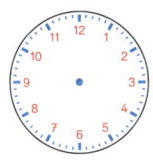   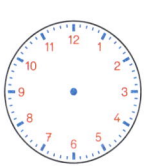 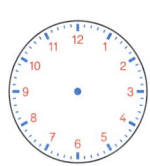

13 Uhr   4 Uhr   19 Uhr   10 Uhr   24 Uhr   9 Uhr

3 Welche Uhrzeit passt? Verbinde.

  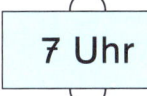 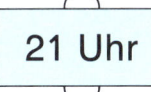 

18 Uhr   13 Uhr   7 Uhr   21 Uhr   16 Uhr   9 Uhr

1 Wie spät ist es nun?

 ____ Uhr — 1 Stunde →  ____ Uhr

 ____ Uhr — 1 Stunde →  ____ Uhr

 ____ Uhr — 2 Stunden →  ____ Uhr

2 Wie lange dauert es?

 ____ Uhr — ____ Stunden →  ____ Uhr

 ____ Uhr — ____ Stunden →  ____ Uhr

 ____ Uhr — ____ Stunden →  ____ Uhr

3 Ergänze, was fehlt.

 ____ Uhr — ____ Stunden →  ____ Uhr

 ____ Uhr — 4 Stunden →  20 Uhr

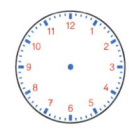 6 Uhr — 6 Stunden →  ____ Uhr

4 Ergänze, was fehlt.

 ____ Uhr — 6 Stunden →  ____ Uhr

 ____ Uhr — 4 Stunden →  ____ Uhr

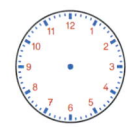 20 Uhr — 8 Stunden →  ____ Uhr

Fredo 1 Mathematik – Arbeitsheft © 2015 Cornelsen Schulverlage GmbH, Berlin

1 Tauschaufgaben finden

| 8 + __ = 12 | 7 + __ = 15 | 6 + __ = 14 | 5 + __ = 11 |
| __ + 8 = 12 | __ + __ = ___ | __ + __ = ___ | __ + __ = ___ |

2 Umkehraufgaben finden

| 14 − 7 = ___ | 13 − 6 = ___ | 8 + 7 = ___ | 9 + 8 = ___ |
| __ + 7 = 14 | __ ◯ __ = ___ | ___ − 7 = 8 | ___ ◯ __ = ___ |

3 Minusaufgaben lösen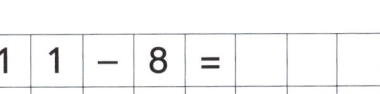

1 6 − 7 =

1 1 − 8 =

1 2 − 5 =

1 7 − 9 =

4 Zu Bildern passende Aufgaben finden

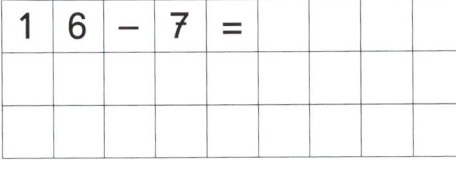 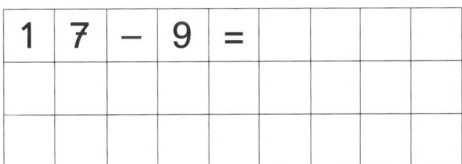 

9 − 4 = __   3 + 2 = __   7 − 3 = __   6 + 2 = __

5 Uhrzeiten bestimmen und Zeitspannen berechnen

 ___ Uhr ——— Stunden ——→  ___ Uhr

 ___ Uhr ——— 3 Stunden ——→ 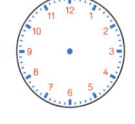 22 Uhr

 5 Uhr ——— 5 Stunden ——→ 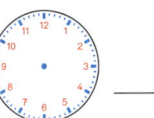 ___ Uhr

Fredo 1 Mathematik – Arbeitsheft © 2015 Cornelsen Schulverlage GmbH, Berlin

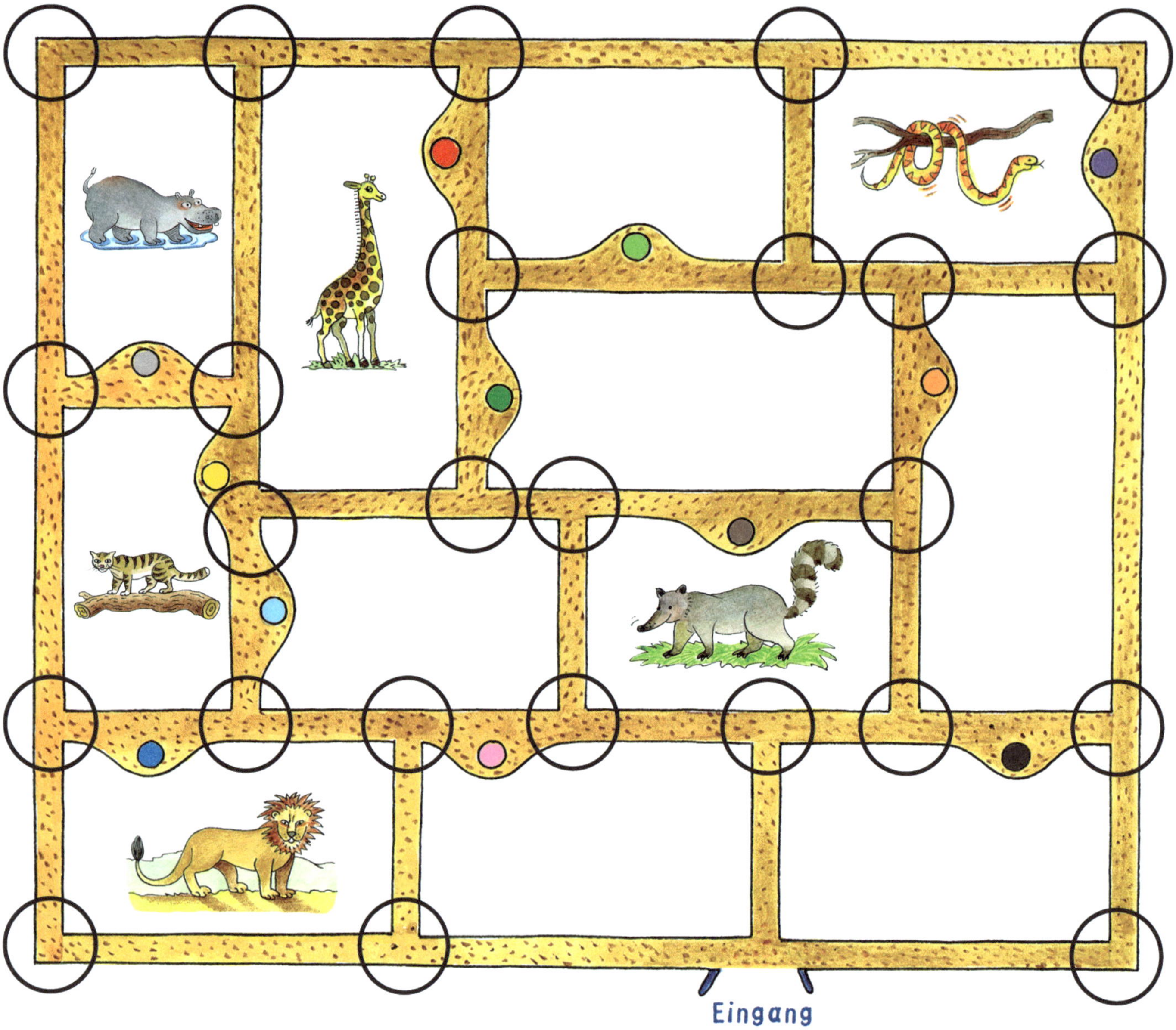

1 Schneide die Tiere aus. Lege zuerst, klebe dann.

rechts von

zwischen und

links von

rechts von

zwischen und

links von

Die Tiere findest du auf Seite 95.

Fredo 1 Mathematik – Arbeitsheft © 2015 Cornelsen Schulverlage GmbH, Berlin

2 Welche Tiere besucht Fredo im Zoo? Male oder schreibe.

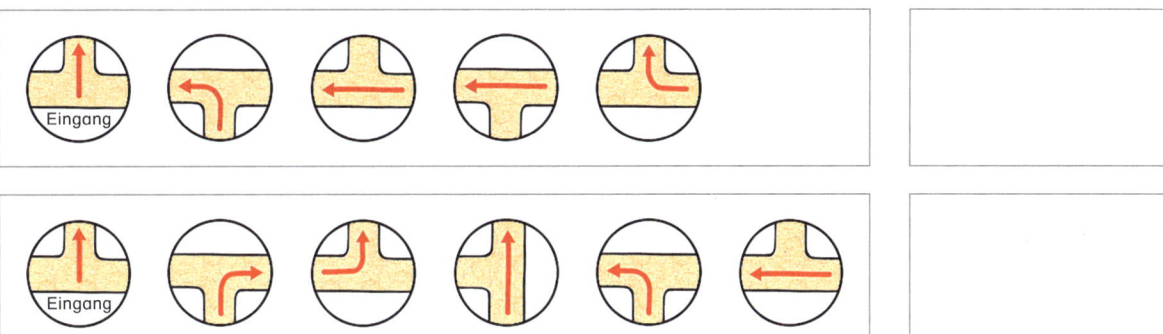

Überlege dir eigene Wege. Lege sie mit den Pfeilen.
Findet dein Partner das richtige Tier?

3 Suche den kürzesten Weg.

Du?

4 Suche den kürzesten Weg.

1

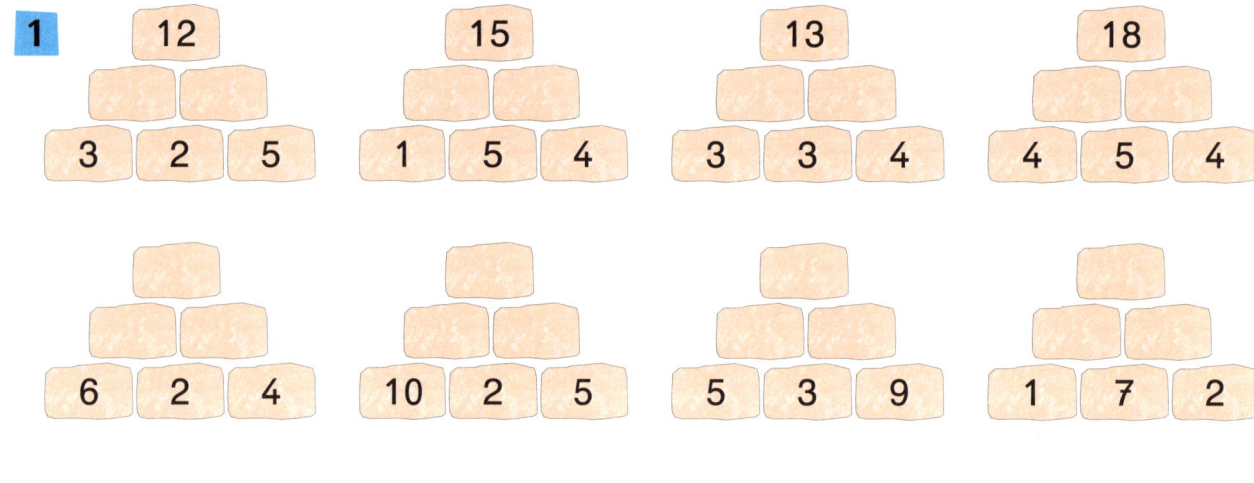

2

3 Der niedrigste Zielstein gewinnt. Setze die Zahlen passend ein.

4 Baue die Rechenmauern richtig auf.

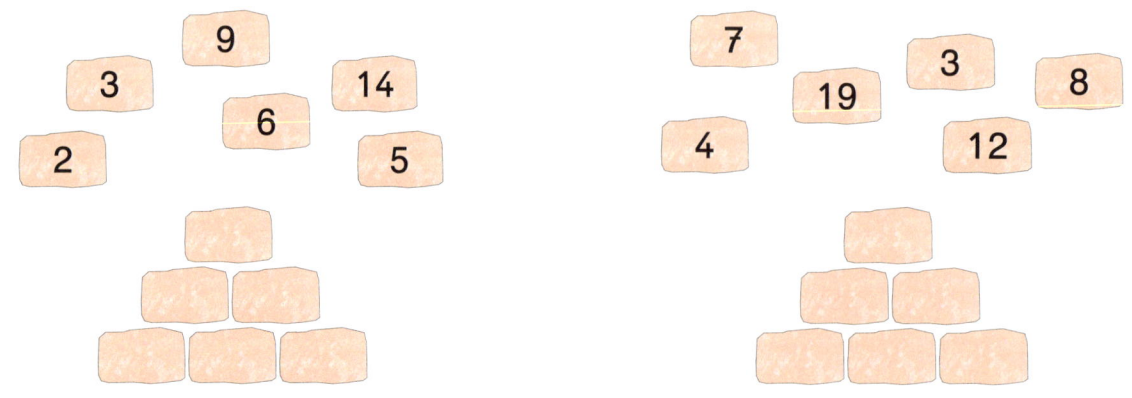

Fredo 1 Mathematik – Arbeitsheft © 2015 Cornelsen Schulverlage GmbH, Berlin

1 Hier fehlen Würfel. Zusammen sind es immer 20 Würfel.

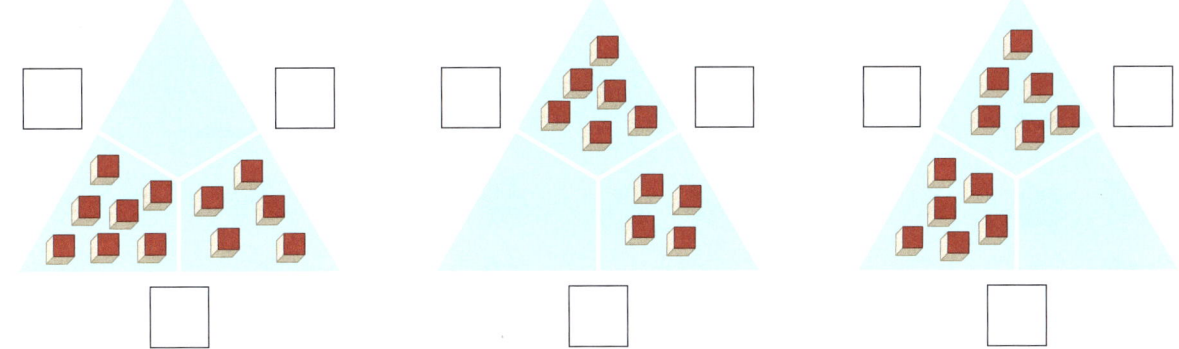

2 Innenzahlen: Zusammen sind es immer 20.

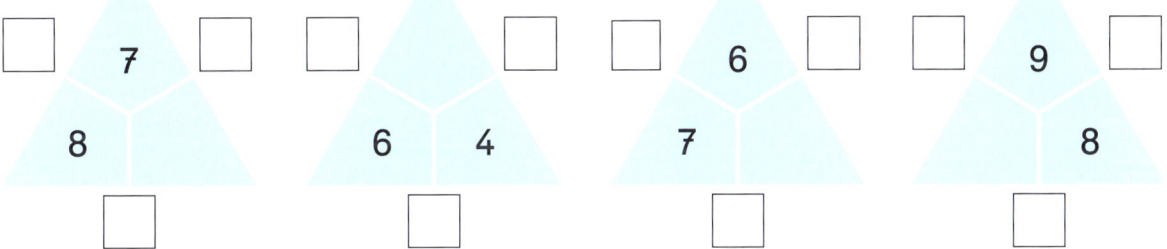

3 Rechne.

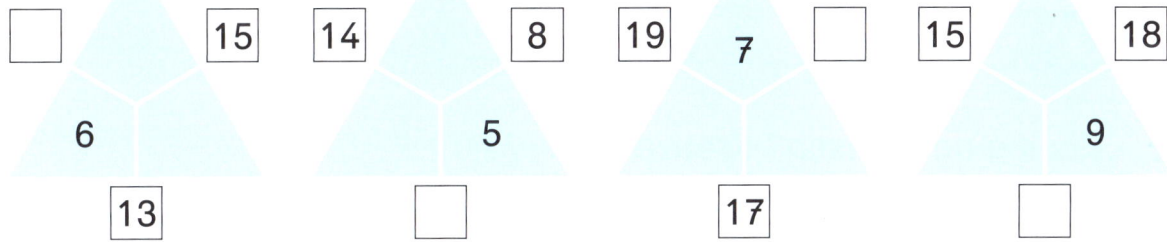

4 Trage die 6 Zahlen passend ein.

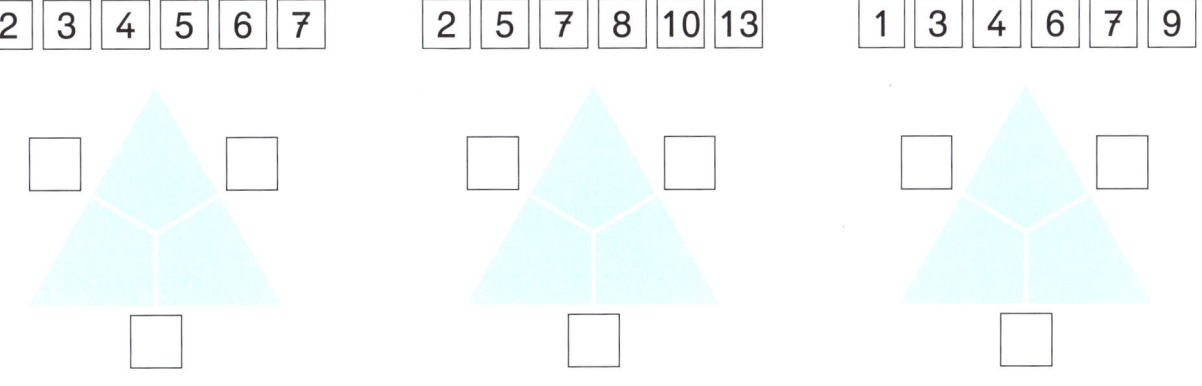

1 So viele Kinder der Klasse 1a haben Haustiere:

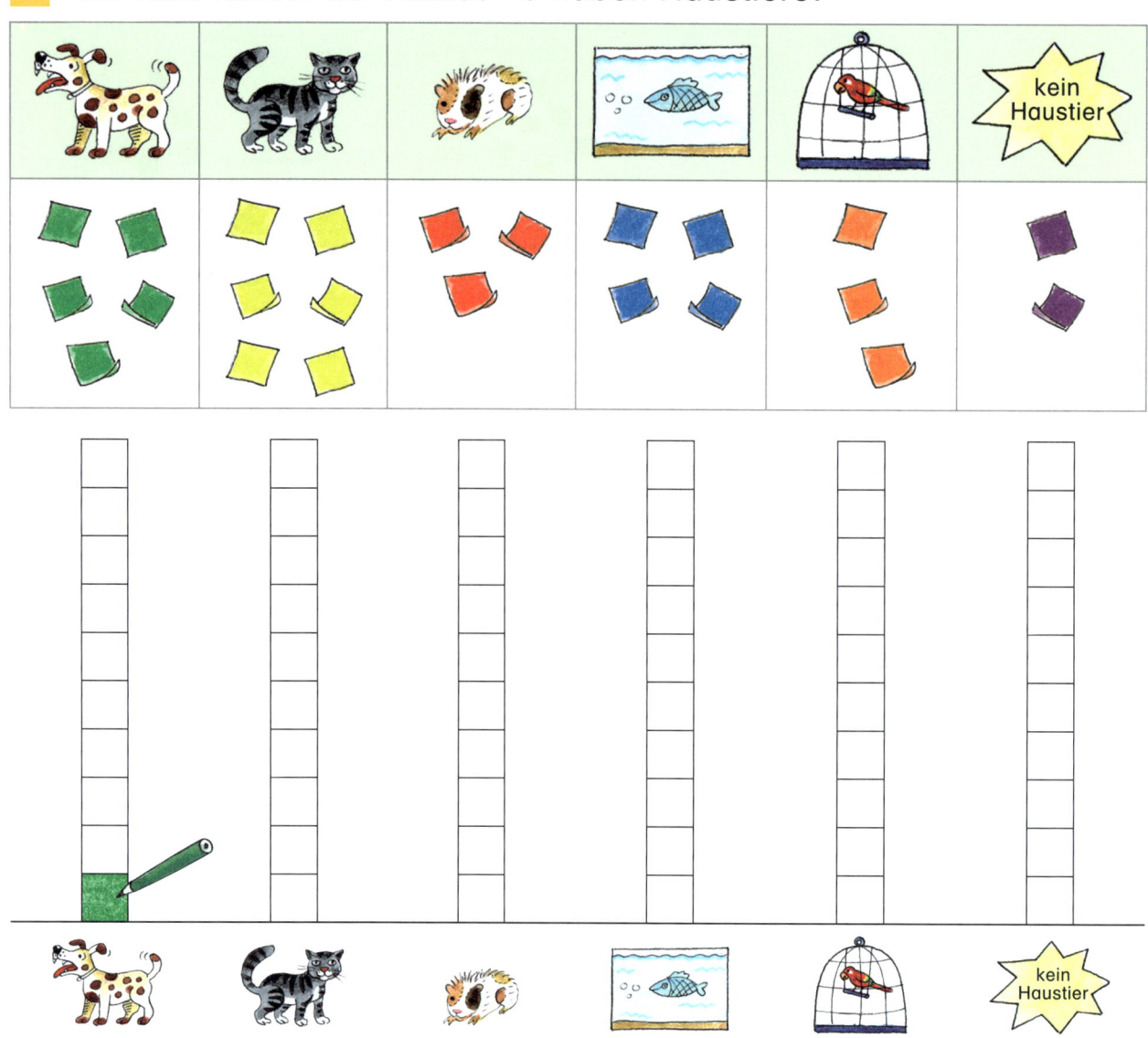

2 Richtig oder falsch? Kreuze an.

richtig   falsch

☐   ☐   6 Kinder haben eine 🐱.

☐   ☐   4 Kinder haben ⭐kein Haustier⭐.

☐   ☐   Gleich viele Kinder haben ein 🐹 oder einen 🐦.

☐   ☐   Mehr Kinder haben einen 🐕 als eine 🐱.

3 Richtig oder falsch? Kreuze an.

richtig   falsch

☐   ☐   21 Kinder haben ein Haustier.

☐   ☐   Weniger als 10 Kinder haben einen 🐕 oder eine 🐱.

☐   ☐   15 Kinder haben ein Tier mit 4 Beinen.

Fredo 1 Mathematik – Arbeitsheft © 2015 Cornelsen Schulverlage GmbH, Berlin

4 So viele Kinder der Klasse 1b haben Haustiere.
Erstelle eine Strichliste.

	🐕	🐈	🐹	🐟	🦜	kein Haustier
👧						
👦						

5 Beantworte die Fragen.

Wie viele 👦 haben einen 🐕 ? _____

Wie viele 👧 haben eine 🐈 ? _____

Wie viele 👧 👦 haben ein 🐹 ? _____

Wie viele 👧 👦 haben kein Haustier ? _____

6 Beantworte die Fragen.

Wie viele 👧 haben ein Haustier? _____

Wie viele 👦 haben ein Haustier? _____

Wie viele 👧 👦 sind in dieser Klasse? _____

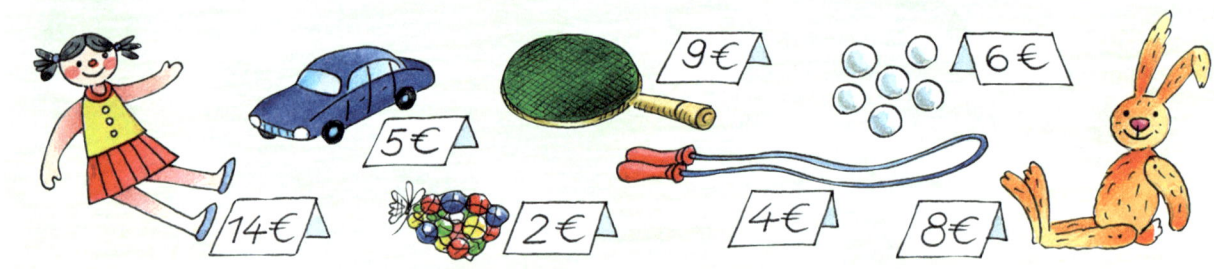

1 Ergänze, was fehlt.

	hat	kauft	bekommt zurück
Jana	5 € 2 2 _9_ €	🐰 ___ €	
Emilio	10 € ___ €	🪢 ___ €	
Tobi	5 € 5 € 5 € ___ €	🏓 ___ € ⚪ ___ €	
Olga	10 € 10 € ___ €	👧 ___ € 🚗 ___ €	

2 Was wurde gekauft? Rechne und male.

	hat	kauft	bekommt zurück
Kim	10 € 5 € ___ €	___ € ___ €	1€ 2€
Noemi	2€ 10 € 5 € ___ €	___ € ___ €	1€

Fredo 1 Mathematik – Arbeitsheft © 2015 Cornelsen Schulverlage GmbH, Berlin

1 Ergänze passend.

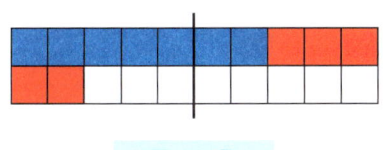 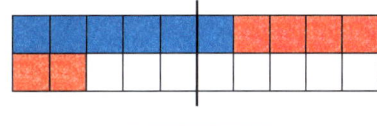

7 + 5   (=)   6 + __

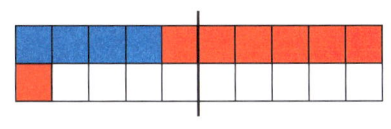 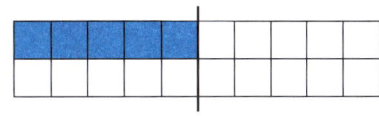

4 + 7   (=)   5 + __

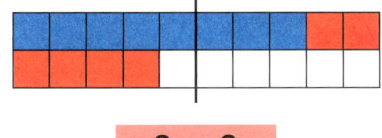 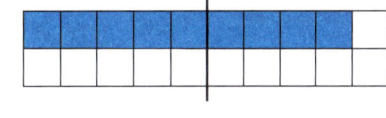

8 + 6   (=)   9 + __

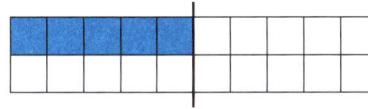 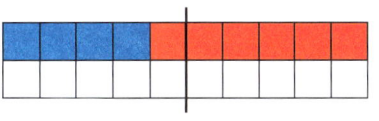

5 + __   (=)   4 + 6

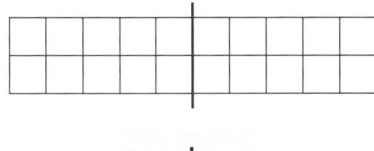 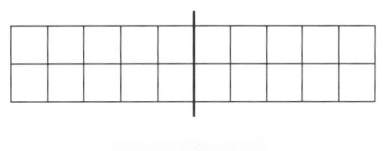

__ + __   (=)   __ + __

2 Welche Karte passt?

Trage ein und streiche die Karte durch.

0 1 2 3 4 5 6 7 8 9 10 11

3 + 6 = 4 + ⬜   8 + ⬜ = 7 + 9   ⬜ + 6 = 9 + 7

5 + 8 = ⬜ + 7   ⬜ + 8 = 6 + 6   9 + ⬜ = 4 + 6

7 + 4 = 8 + ⬜   9 + ⬜ = 8 + 8   ⬜ + 9 = 6 + 3

1 + 9 = ⬜ + 8   ⬜ + 1 = 3 + 9   3 + ⬜ = 5 + 7

Fredo 1 Mathematik – Arbeitsheft © 2015 Cornelsen Schulverlage GmbH, Berlin

1 Vergleiche: $>$ oder $<$?

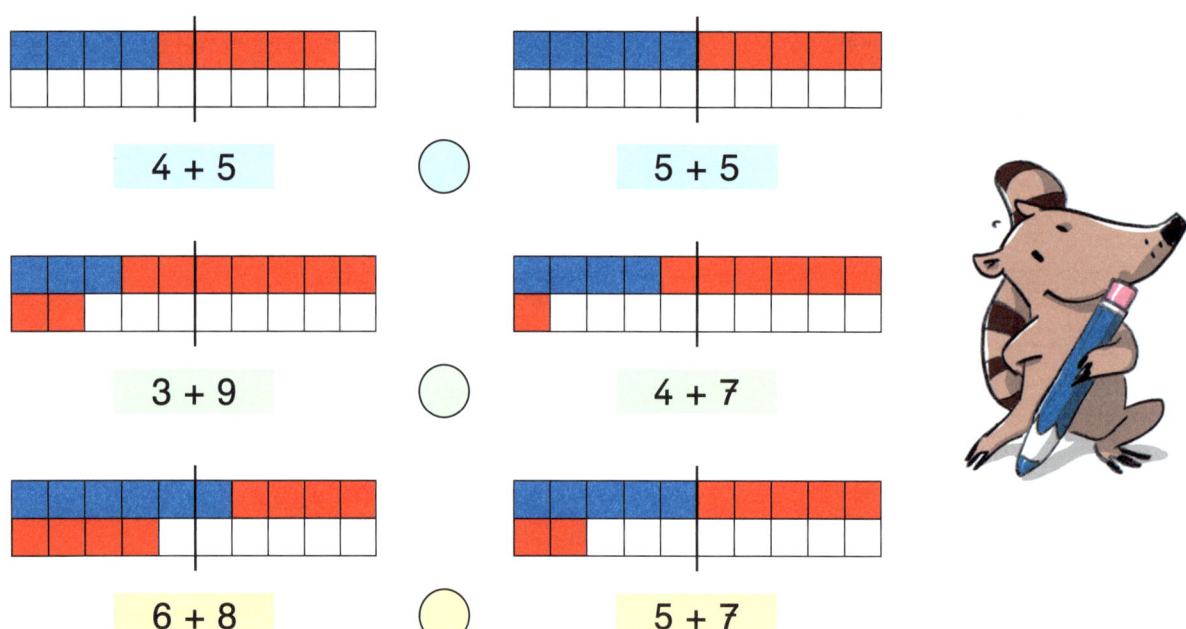

4 + 5 ◯ 5 + 5

3 + 9 ◯ 4 + 7

6 + 8 ◯ 5 + 7

2 Stimmt das? Kontrolliere.

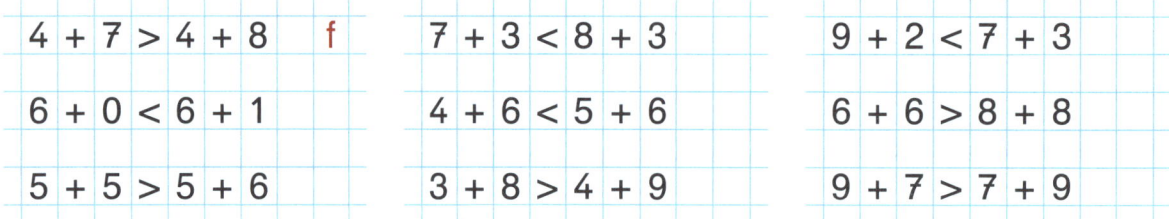

4 + 7 > 4 + 8 f	7 + 3 < 8 + 3	9 + 2 < 7 + 3
6 + 0 < 6 + 1	4 + 6 < 5 + 6	6 + 6 > 8 + 8
5 + 5 > 5 + 6	3 + 8 > 4 + 9	9 + 7 > 7 + 9

3 Welche Karte passt? Trage ein.

9 + 8 < 9 + ☐   7 + 5 > ☐ + 7   ☐ + 8 < 3 + 8

7   8   9   4   6   5   4   1   3

10 + 8 < ☐ + 7   3 + 14 > ☐ + 14   ☐ + 11 > 6 + 11

12   10   11   2   3   4   5   6   7

4 Hier fehlen Zahlen. Ergänze eine passende Zahl.

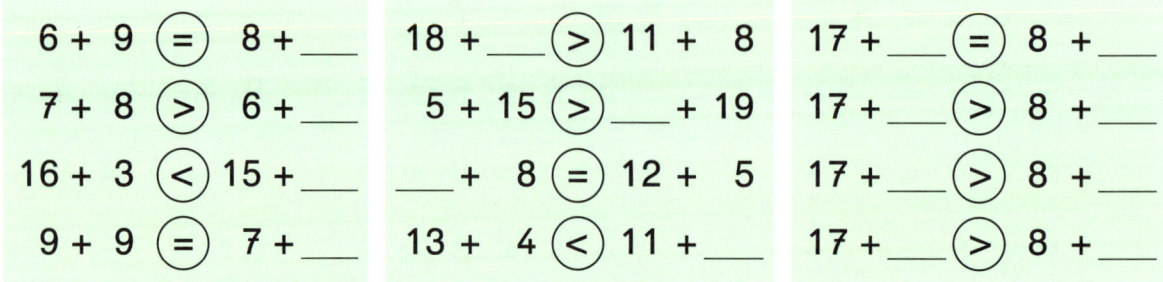

6 + 9 $=$ 8 + ___	18 + ___ $>$ 11 + 8	17 + ___ $=$ 8 + ___
7 + 8 $>$ 6 + ___	5 + 15 $>$ ___ + 19	17 + ___ $>$ 8 + ___
16 + 3 $<$ 15 + ___	___ + 8 $=$ 12 + 5	17 + ___ $>$ 8 + ___
9 + 9 $=$ 7 + ___	13 + 4 $<$ 11 + ___	17 + ___ $>$ 8 + ___

Fredo 1 Mathematik – Arbeitsheft © 2015 Cornelsen Schulverlage GmbH, Berlin

1 Kreuze die richtige Rechenfrage an. Rechne.

Justus hat 5 Müsli-Riegel im Rucksack.
Bei der ersten Pause isst er 2 Riegel.

☐ Wie viele Riegel hat Jette noch?

☐ Wie viele Riegel hat Justus noch?

2 Beantworte alle Fragen. Wo musst du rechnen?
Kreuze an.

Justus und Jette werfen Ringe.
Justus hat schon 13 Punkte.
Jette hat 4 Punkte weniger.

☐ Wie viele Punkte hat Justus?

_____

☐ Wie viele Punkte hat Jette weniger?

_____

☐ Wie viele Punkte hat Jette?

_____

3 Beantworte alle Fragen. Wo musst du rechnen? Kreuze an.

Emine und Kim backen Sandkuchen.
Emine hat schon 14 Kuchen. Kim hat erst halb so viele.

☐ Wie viele Kuchen hat Kim gebacken?

_____

☐ Wie viele Kuchen hat Emine gebacken?

_____

☐ Wie viele Kuchen haben sie zusammen gebacken?

_____

Tretboot	20 Minuten	4 €
	1 Stunde	8 €
Ruderboot	20 Minuten	7 €
	1 Stunde	14 €

1 Kugel Eis	1 €
Muffin	2 €
Bratwurst	3 €
Pizza	4 €
Wasser	1 €
Saft	2 €

Vergleiche deine Antwort immer mit der Frage und dem Bild.

1

Frage: Wie viel Euro muss Pia bezahlen?

Rechnung: __ € + __ € = __ €

Antwort: Pia muss __ € bezahlen.

2

Frage: Wie viel Euro bekommt Ali zurück?

Rechnung: _____

_____

Antwort: Ali bekommt __ € zurück.

3

Wir wollen eine Stunde und 20 Minuten mit dem Ruderboot fahren.

Frage: Reicht das Geld?

Rechnung: _____

_____

Antwort: _____

_____

Fredo 1 Mathematik – Arbeitsheft © 2015 Cornelsen Schulverlage GmbH, Berlin

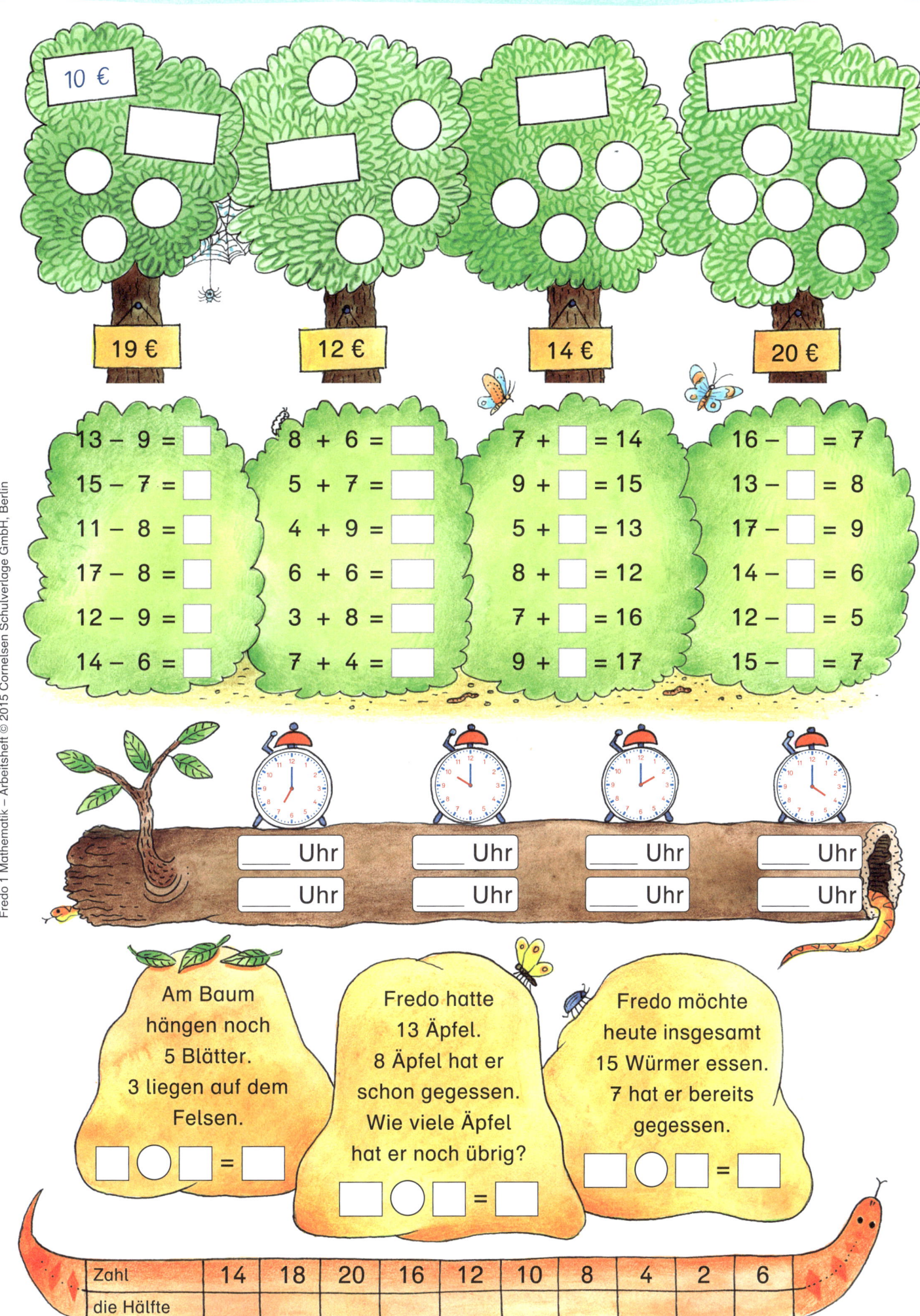

10 €

19 €   12 €   14 €   20 €

13 − 9 = ☐	8 + 6 = ☐	7 + ☐ = 14	16 − ☐ = 7
15 − 7 = ☐	5 + 7 = ☐	9 + ☐ = 15	13 − ☐ = 8
11 − 8 = ☐	4 + 9 = ☐	5 + ☐ = 13	17 − ☐ = 9
17 − 8 = ☐	6 + 6 = ☐	8 + ☐ = 12	14 − ☐ = 6
12 − 9 = ☐	3 + 8 = ☐	7 + ☐ = 16	12 − ☐ = 5
14 − 6 = ☐	7 + 4 = ☐	9 + ☐ = 17	15 − ☐ = 7

___ Uhr   ___ Uhr   ___ Uhr   ___ Uhr

___ Uhr   ___ Uhr   ___ Uhr   ___ Uhr

Am Baum hängen noch 5 Blätter. 3 liegen auf dem Felsen.

☐ ◯ ☐ = ☐

Fredo hatte 13 Äpfel. 8 Äpfel hat er schon gegessen. Wie viele Äpfel hat er noch übrig?

☐ ◯ ☐ = ☐

Fredo möchte heute insgesamt 15 Würmer essen. 7 hat er bereits gegessen.

☐ ◯ ☐ = ☐

Zahl	14	18	20	16	12	10	8	4	2	6
die Hälfte										

Fredo 1 Mathematik – Arbeitsheft © 2015 Cornelsen Schulverlage GmbH, Berlin

 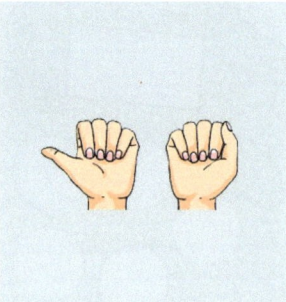  

1 Spure nach und schreibe die Zahl.

2 Passen alle Bilder? Streiche durch.

Fredo 1 Mathematik – Arbeitsheft © 2015 Cornelsen Schulverlage GmbH, Berlin

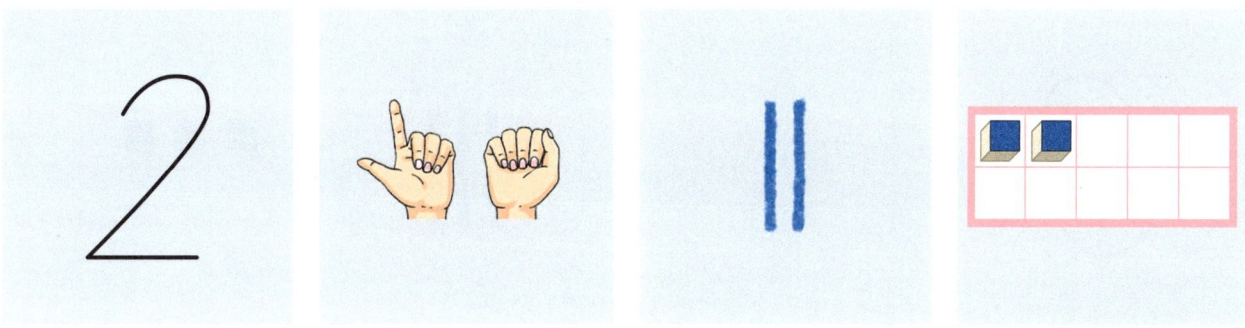

1 Spure nach und schreibe die Zahl.

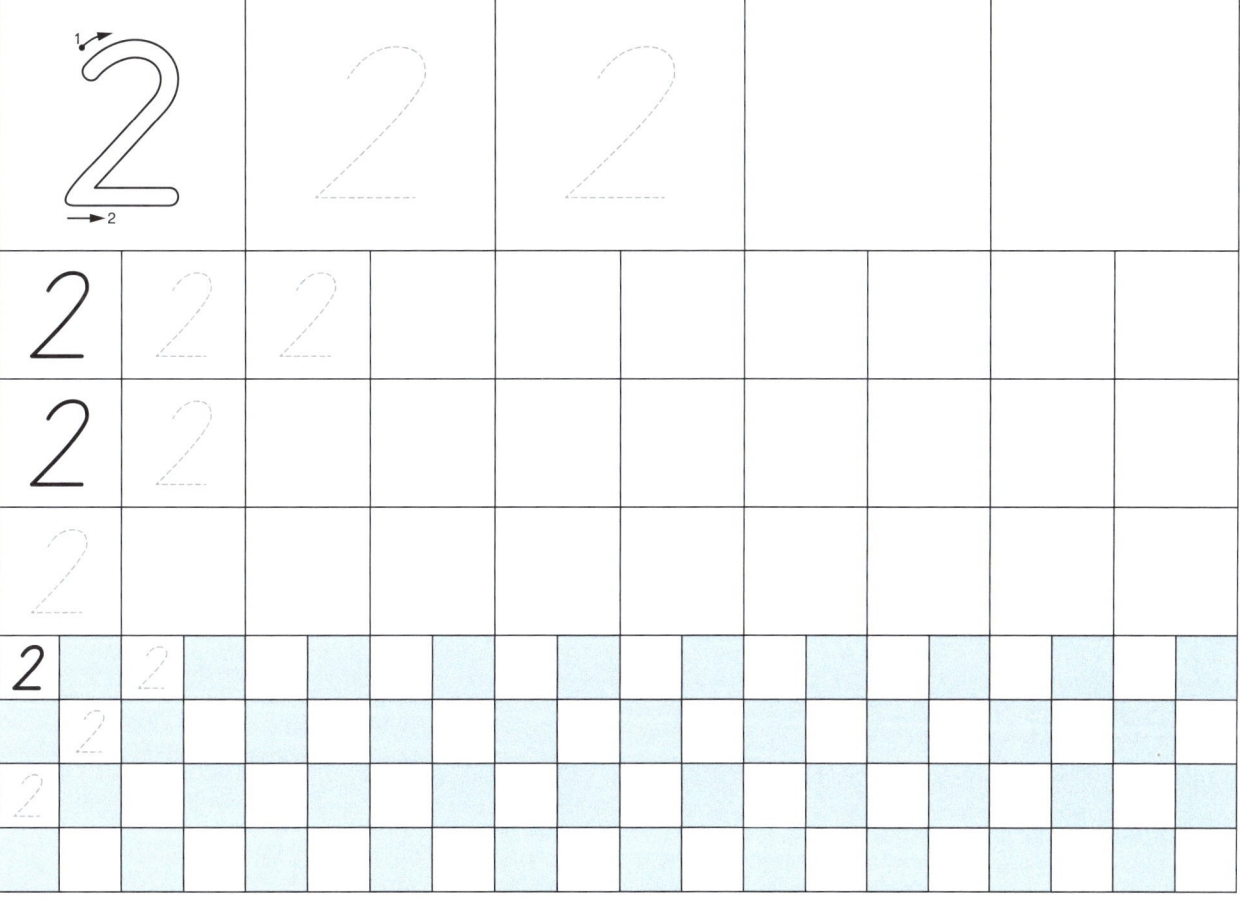

2 Passen alle Bilder? Streiche durch.

Fredo 1 Mathematik – Arbeitsheft © 2015 Cornelsen Schulverlage GmbH, Berlin

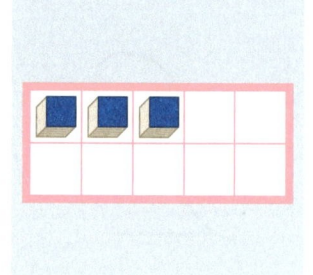

1 Spure nach und schreibe die Zahl.

2 Passen alle Bilder? Streiche durch.

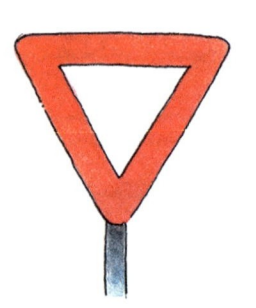

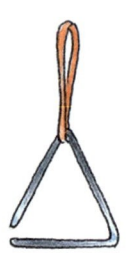

Fredo 1 Mathematik – Arbeitsheft © 2015 Cornelsen Schulverlage GmbH, Berlin

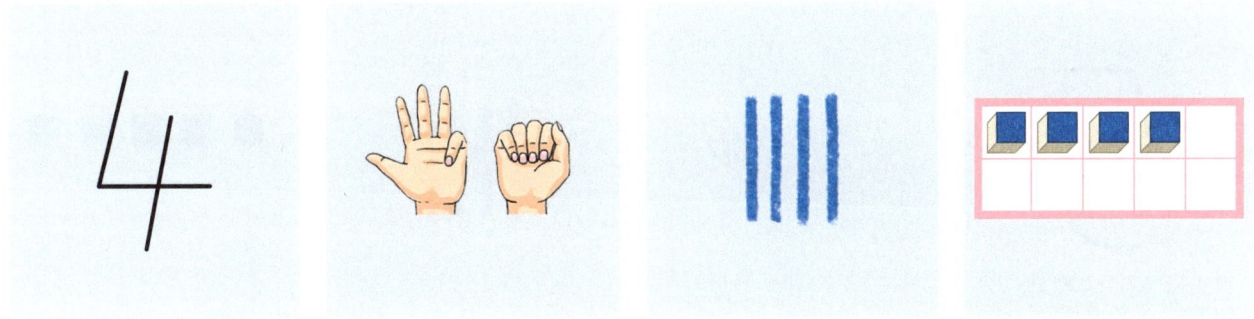

1 Spure nach und schreibe die Zahl.

2 Passen alle Bilder? Streiche durch.

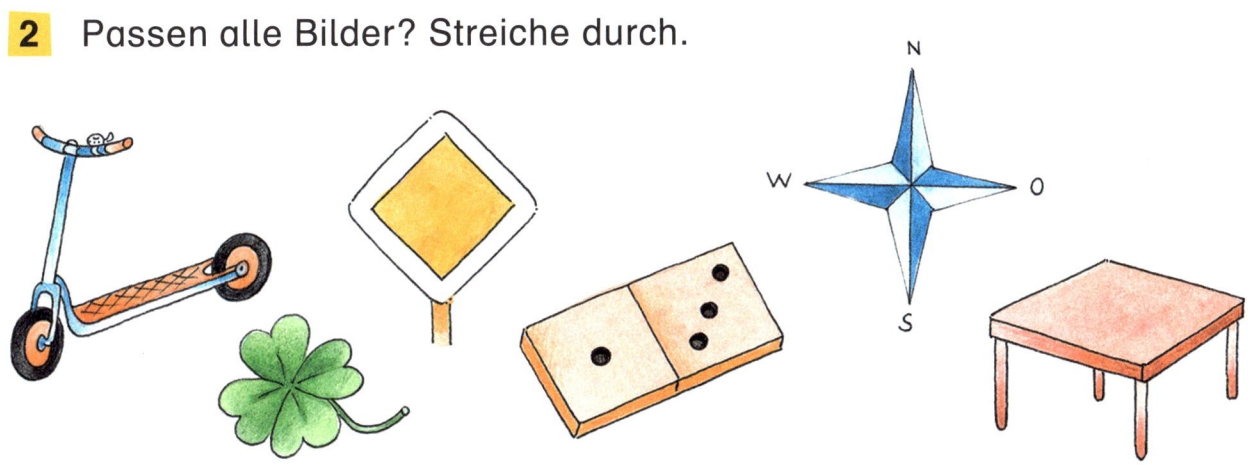

Ziffernschreibkurs: fünf

 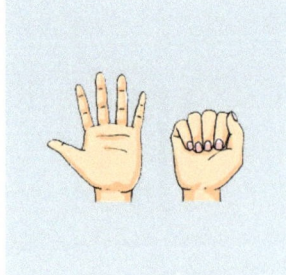  

1 Spure nach und schreibe die Zahl.

2 Passen alle Bilder? Streiche durch.

Fredo 1 Mathematik – Arbeitsheft © 2015 Cornelsen Schulverlage GmbH, Berlin

 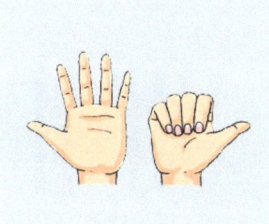  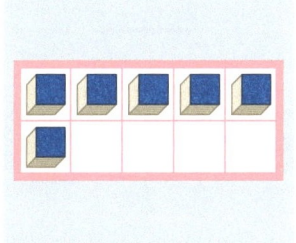

1 Spure nach und schreibe die Zahl.

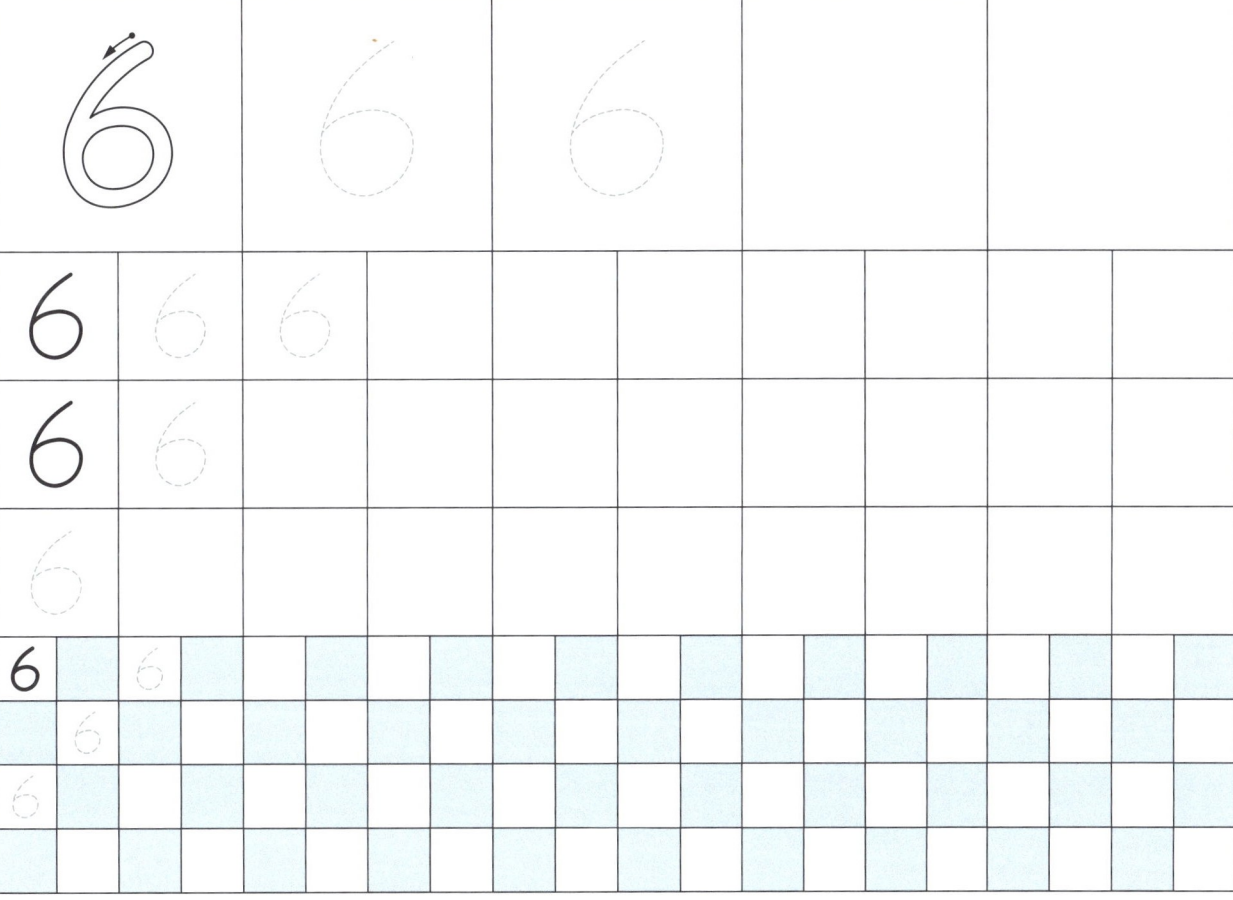

2 Passen alle Bilder? Streiche durch.

Fredo 1 Mathematik – Arbeitsheft © 2015 Cornelsen Schulverlage GmbH, Berlin

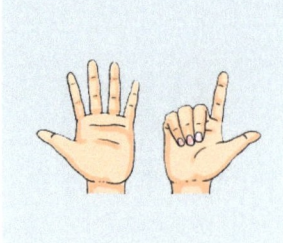  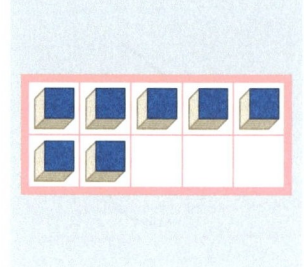

1 Spure nach und schreibe die Zahl.

2 Passen alle Bilder? Streiche durch.

Fredo 1 Mathematik – Arbeitsheft © 2015 Cornelsen Schulverlage GmbH, Berlin

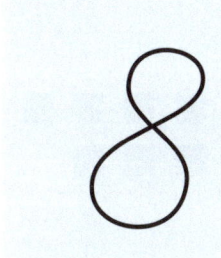 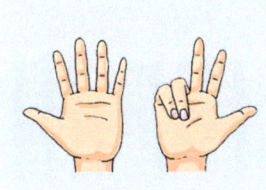  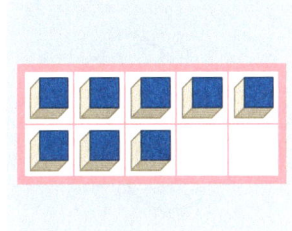

1 Spure nach und schreibe die Zahl.

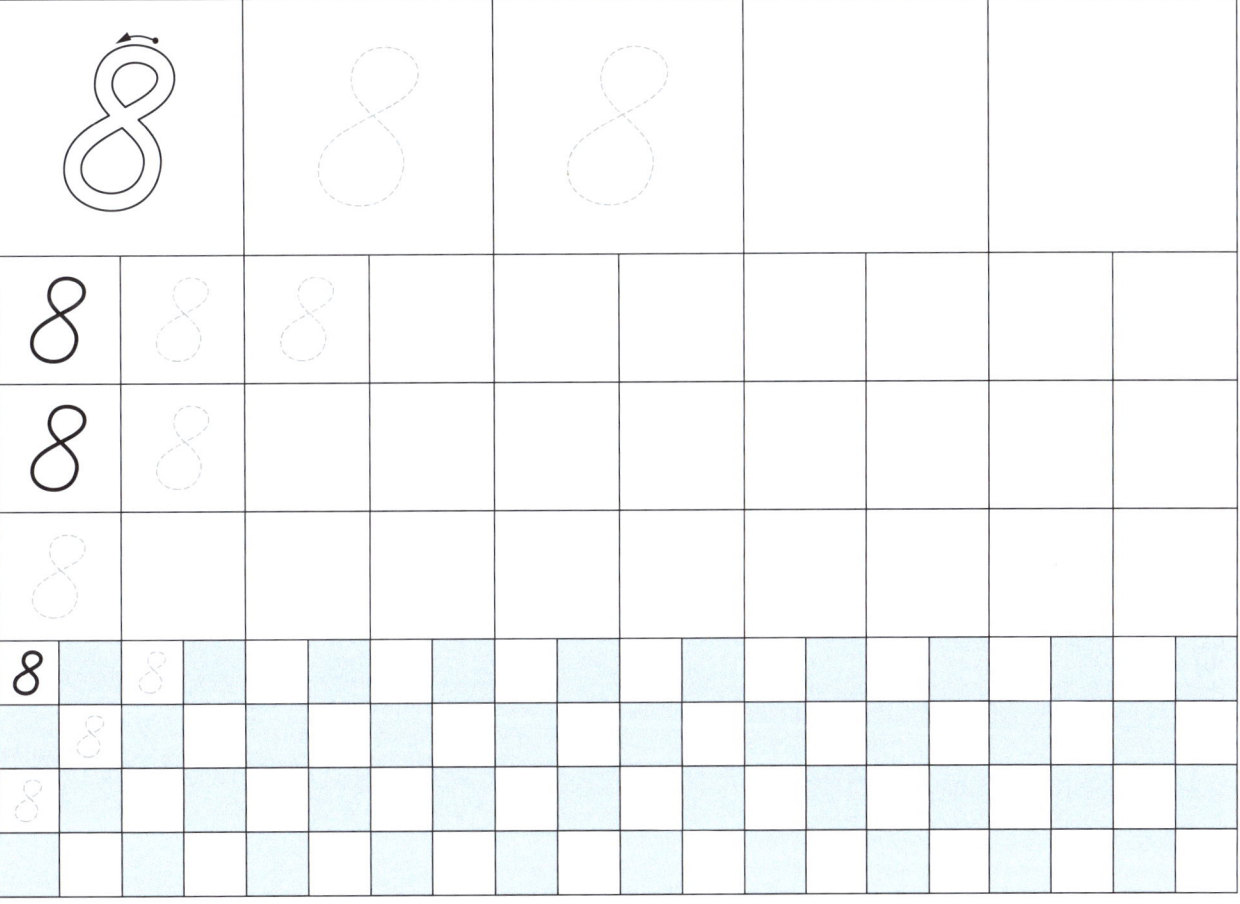

2 Passen alle Bilder? Streiche durch.

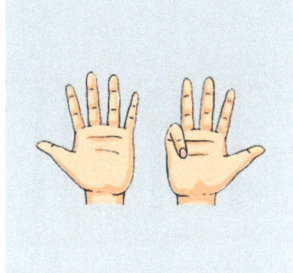

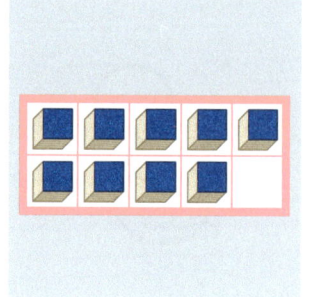

1 Spure nach und schreibe die Zahl.

2 Passen alle Bilder? Streiche durch.

Fredo 1 Mathematik – Arbeitsheft © 2015 Cornelsen Schulverlage GmbH, Berlin

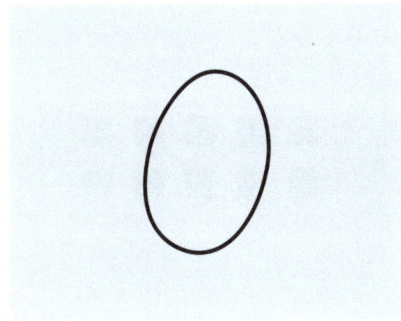 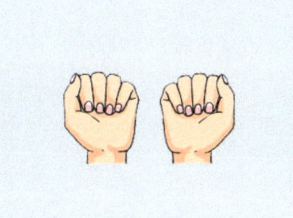 

1 Spure nach und schreibe die Zahl.

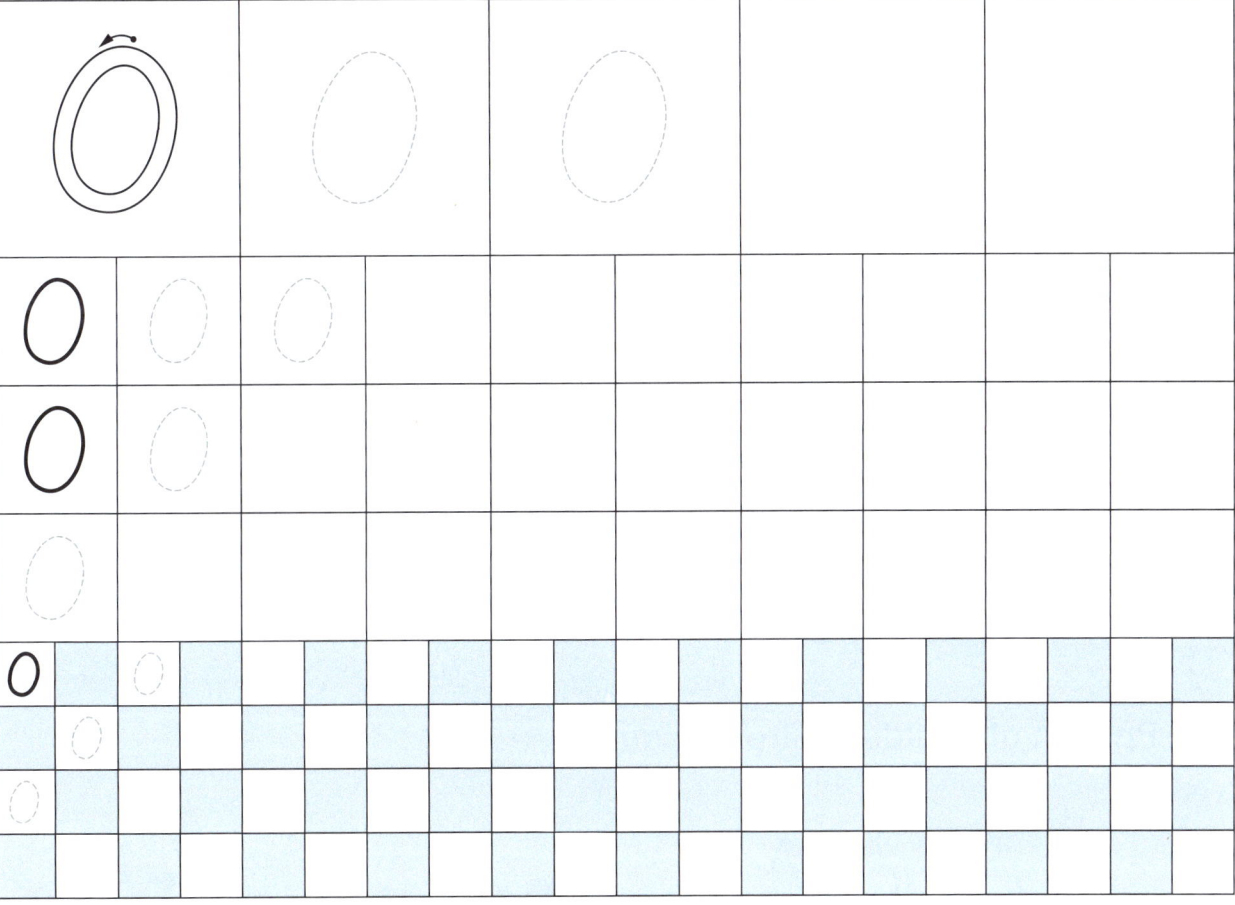

2 Passen alle Bilder? Streiche durch.

 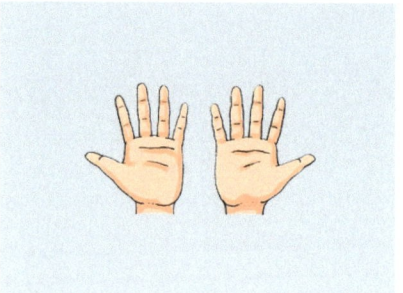 

1 Spure nach und schreibe die Zahl.

| 1 0 | | 1 0 | | | | | |

2 Passen alle Bilder? Streiche durch.

Fredo 1 Mathematik – Arbeitsheft © 2015 Cornelsen Schulverlage GmbH, Berlin